Liebe Leserinnen, liebe Leser!

Der Fotograf **Reinhard Eisele** lebt in Walchensee und damit mitten in Oberbayern. Es war ihm eine besondere Freude, seine Heimat mit eigenen Bildern vorzustellen.

Für den Autor **Jochen Müssig** aus München liegt das Oberbayern dieses DuMont Bildatlas direkt vor der Haustür. Der bekannte Reisejournalist und Buchautor liebt vor allem die wunderschönen Seen.

Fast jeder von uns hat „Lieblingsplätze“, an die er trotz aller Neugier auf Neues immer wieder gern zurückkehrt. Für mich gehört der Ammersee dazu. Nur der Gedanke an lange Sommertage am See weckt schon ein leichtes Sehnsuchtsgefühl. Zwar geht es hier deutlich provinzieller als am Starnberger See zu, unser Autor Jochen Müssig spricht gar vom „Bauernsee“, aber ich finde, das macht gerade den Reiz aus. Dießen am Westufer des Sees hat ein herrliches See-Schwimmbad mit altem Baumbestand, Tage könnte ich hier verbringen und nur die hübsche Szenerie auf mich wirken lassen.

Traumhafte Seen, …

Und am Abend? Ebenfalls am Westufer des Ammersees gibt es ein einsam gelegenes Restaurant mit wunderschöner Seeterrasse (und guter französisch inspirierter Küche). Dort zu sitzen, das Schilf rauschen zu hören und auf den See zu schauen, etwas Besseres kann ich mir kaum denken. Diese herrliche Adresse hat Jochen Müssig vermutlich noch nicht entdeckt – oder will sie für sich behalten –, falls Sie aber dennoch mehr wissen wollen, schauen Sie nach unter www.seehaus.de.

… herrliche Berge und grüne Täler

Nach einem solchen Abend kann man dann ausgeruht in den nächsten Tag starten. Und dann geht es natürlich in die Berge. Wenn Sie schon auf der Zugspitze waren, den Wendelstein bereits erklommen haben, wie wäre es dann mit einem Abstecher in die Jachenau (s. S. 47). Hiervon wiederum hat mir Jochen Müssig begeistert erzählt. „Einzigartig einsam“ sei es dort, das 21. Jahrhundert scheint das auf 800 m Höhe gelegene Tal einfach noch nicht erreicht zu haben … Beim Lesen dieses DuMont Bildatlas werden Sie auf viele weitere, teilweise ganz persönliche, Tipps stoßen, die Ihnen ein einzigartiges Stück Bayern näherbringen.
Viel Spaß bei Ihren Entdeckungen!
Herzlich

Ihre
Birgit Borowski

Birgit Borowski
Programmleiterin DuMont Bildatlas

32 Bodenständig und fein: Oberbayerns Traditionsküche stellt sich auf neue Zeiten ein.

74 Die Besichtigung einer Klamm gehört zum Berglandbesuch einfach dazu – wie hier in der Partnachklamm bei Garmisch-Partenkirchen.

100 Unter vollen Segeln: Abseits des Ufertrubels lässt sich das Fünf-Seen-Land besonders genießen.

Impressionen

Tegernsee & Inntal

Tölzer Land & Isarwinkel

Das Blaue Land

UNSERE FAVORITEN

BEST OF ...

76 Für Himmelsstürmer: Dass sich Oberbayern durchaus hochalpin geben kann, belegt am eindrucksvollsten die Zugspitze

Fünf-Seen-Land 100 – 115
Pfaffenwinkel 84 – 99
Tölzer Land & Isarwinkel 40 – 53
Das Blaue Land 54 – 67
Tegernsee & Inntal 22 – 39
Werdenfelser Land 68 – 83
MÜNCHEN
AUGSBURG
INNSBRUCK
ÖSTERREICH
Maßstab 1:650.000
Landsberg a.L.
Starnberg
Weilheim i.OB
Schongau
Murnau a.St.
Garmisch-Partenkirchen
Mittenwald
Bad Tölz
Miesbach
Rosenheim
Kufstein
Füssen
Kaufbeuren
Freising
Dachau
Erding
Wasserburg a.I.
Penzberg
Holzkirchen
Zugspitze 2962

Topziele

Die bedeutendsten Sehenswürdigkeiten Oberbayerns sowie Erlebnisse, die Sie keinesfalls versäumen dürfen, haben wir auf dieser Seite für Sie zusammengestellt. Auf den Infoseiten ist das jeweilige Highlight als **TOPZIEL** *gekennzeichnet.*

KULTUR

7

NATUR

3

8

2

4

AKTIV

ERLEBEN

Willkommen im Freizeitparadies

Eiszeitliche Schmelzwasser bildeten einst die großen Seen Oberbayerns, die heute begeistert genutzte Freizeitparadiese sind, etwa wie hier für den feierabendlichen Sprung in den Starnberger See noch kurz vor dem Sonnenuntergang. Neben dem Starnberger und dem Ammersee gehören dazu auch viele kleinere Gewässer, von denen einige heute teilweise oder sogar zur Gänze verlandet sind.

Wo der Berg ruft

Die meisten Besucher verbinden Oberbayern mit schroffen Höhen und Bergen. Dabei wird diese Region doch weitgehend vom eher sanfthügeligen Voralpenland geprägt. Es gibt aber auch markante alpine Panoramen wie diesen idyllischen Blick auf das Wettersteingebirge mit Alpspitze, Zugspitze und Waxenstein.

Gipfelstürmer

Wer möchte sie nicht genießen, die Weitsicht hoch über den Niederungen des Alltags? Allein ist man dabei allerdings schon lange nicht mehr, wie dieser Klettersteig im Karwendelgebirge zeigt. Je beeindruckender der Gipfel, umso sicherer erschließen ihn sogenannte Aufstiegshilfen, mit denen sich die majestätischen Blicke genießen lassen.

Barocke Sinnesfreude

Kaum eine andere Region in Deutschland hat eine vergleichbare Fülle kunstvoller Barockkirchen und -klöster wie Oberbayern. Herausragend waren die Wessobrunner Künstler, deren Meisterwerk die zum Welterbe der UNESCO zählende Wieskirche bei Steingaden ist.

RB

Gelebtes Brauchtum

Traditionen sind in Oberbayern ein wichtiger Bestandteil des Lebens – auch jenseits der vielen Trachtenvereine. Dazu gehören farbenfrohe Prozessionen nicht nur an Fronleichnam, für Nichtbayern oftmals exotisch wirkende Tanzveranstaltungen und eben auch Almabtriebe wie hier der von der Kreuther Königsalm.

Feste feiern

Sommerzeit, Ferienzeit. Und nicht nur das: An den oberbayerischen Seen ist dies auch die Zeit der Seefeste. Allein am Tegernsee gibt es deren drei: das Seefest Rottach-Egern, auf das sich diese drei besten Freundinnen hier schon freuen, das Seefest Tegernsee und das Seefest Bad Wiessee.

Die feudalsten Unterkünfte

Wohnen im Schloss

Einmal in Neuschwanstein schlafen dürfen ... Das wird wohl ein Traum bleiben. Trotzdem kann man in Oberbayern, vielleicht nicht ganz so verspielt, aber ähnlich pompös auch als Normalsterblicher in „richtigen“ Schlössern nächtigen. Oder in Schlösschen, in denen man für etwas weniger Geld logieren und sich dennoch ganz feudal fühlen darf.

1

2

1 Schloss Elmau

Der Atem stockt einem schon, wenn man ums Eck biegt: Das Schloss liegt da, verwunschen und wunderschön, mitten auf einer Bergwiese in einem geschützten Hochtal, umrahmt von Bergen und erreichbar nur durch eine einzige Zufahrtsstraße. Schloss Elmau ist das, was man einen Rückzugsort nennt: abgeschieden, gesegnet mit klarer Bergluft, hörbarer Stille und trotzdem nur hundert Kilometer südlich von München, aber tausend Meter über dem Meeresspiegel. Kunst und Kultur hat einen hohen Stellenwert und viel Tradition in diesem Refugium. Konzerte und Gespräche mit Künstlern und Persönlichkeiten unserer Zeit gehören zum festen Bestandteil des Programms. Im Jahr 1916 erbaut, war es lange Zeit ein Treffpunkt fürs deutsche Bildungsbürgertum, ehe es nach einem Großbrand für das 21. Jahrhundert runderneuert wurde: mit modernem Retreat als Schlosshotelalternative, sechs Restaurants, zwei Top-Spas mit original Hamam, Konzertsaal, Bibliotheken und Sportmöglichkeiten ohne Ende. Schloss Elmau gehört zu den wenigen Weltklassehotels in Deutschland.

In Elmau 2,
82493 Klais-Elmau,
Tel. 0 88 23/1 80, www.schloss-elmau.de

2 Das Kranzbach

Sechs Uhr morgens, der Außenpool dampft, die Bergluft ist nicht nur frisch, sondern auch noch etwas kühl. Jetzt eintauchen ins angenehm warme Wasser, ein paar Bahnen ziehen, ausatmen, die Ruhe genießen, sich umschauen: Schnell noch ein paar Minuten in das 35 Grad warme Sole-Becken gleich daneben, ehe es zum Frühstücken geht. Mein Gott, ist das schön hier ...
Unweit von Schloss Elmau liegt es – das einzige englische Schloss in den Alpen. Das Mary Portman House, benannt nach der Erbauerin aus London und im Jahr 1915 fertig gestellt, gibt sich mit Kaminen, tiefen Ledersesseln, Country-house-Stil und viel Atmosphäre sowie skurrilen Tapetenmotiven etwa im Hummelzimmer very british. Das moderne Badehaus hingegen, das architektonisch so geschickt in die hügelige Kranzbach-Wiese integriert ist, dass man es bei der Anfahrt kaum wahrnimmt, bietet eines der angenehmsten, luxuriösesten Spas im Land, mit Saunen, die durch bodenlange Glaswände den unverbauten Blick freigeben auf Berge und Wälder, als sei man irgendwo weit abgelegen in Kanada ...

Kranzbachwiese 1,
82493 Klais-Kranzbach,
Tel. 0 88 23/92 80 00,
www.daskranzbach.de

3 Staudacher Hof

Ein Turm macht noch kein Schloss. Aber zwei Türme schon – vor allem, wenn zu Ehren von Kaiser Franz Josef, der gern bei der Familie Staudacher zu Gast war, die Zimmer mit Eichenholz gestaltet wurden und einen der Kaiseradler durchs Haus begleitet. Die Bauern konnten früher nämlich nur heimisches Holz verwenden. Die Türme zieren Abbildungen des heiligen Franz von Assisi und der heiligen Ursula, den beiden Namenspatronen der Eltern des heutigen Besitzers Peter Staudacher. Es gibt vier Turmzimmer: Man frage nach 112, 113 und 215, 217.

Höllentalstraße 48,
82467 Garmisch-Partenkirchen, Tel. 0 88 21/92 90,
www.staudacherhof.de

4 Das Tegernsee

Wohnen im Schloss? Dann am besten in Suite 713 mit Blick über den Tegernsee auf die umliegenden Berge! Das Sengerschloss von 1842 hatte ab 1903 seine erlauchteste Zeit: Damals kaufte die kaiserliche Hoheit Herzogin Maria von Sachsen-Coburg-Gotha und Großfürstin von Russland das Schloss und verwandelte es in ein Gästedomizil des prominenten Hochadels von legendärem Ruf. Seit dem neuerlichen Relaunch und der Umbenennung in „Das Tegernsee" verwöhnen hier moderne Zimmer, gehobene Küche, ein elegantes Spa und Traumblicke die Gäste. Diese verbringen hier ihre Tage zwischen Historie und Moderne, zwischen Himmel und Erde, zwischen Alltäglichem und Luxus – je nach Lust und Laune. Die Vielfalt der Hotelwelt des Tegernsee (heute bestehend aus dem Schloss Senger und der Herberge Quirin, dem Haus Tegernsee und dem Haus Wallberg), lässt einen durch elegantes Design (mal puristisch, mal edel) schlendern und eintauchen in den herrlichen Pool mit Blick auf die fantastische Natur der Region. Jede der vier „Wohnwelten" hat ihre ganz eigene stilistische Handschrift und erzählt in Form, Farben und Materialien auch Geschichten aus dem Tegernseer Tal.

Neureuthstraße 23, 83684 Tegernsee, Tel. 0 80 22/18 20, www.dastegernsee.de

5 Schlossgut Oberambach

Schon die Anfahrt, leicht bergauf durch eine wunderbare Allee, verzaubert und bestätigt noch vor der Ankunft im Hotel: „Schatz, ich glaube, wir haben das Richtige gewählt!" Denn genau so stellt man sich doch ein fürstliches Entree vor … 1476 wird Oberambach erstmals in der Reichschronik erwähnt. Um 1910 verkehren im Herrensitz die Künstler des Blauen Reiter. Da legt die Besitzerfamilie großen Wert darauf, weil man Kandinsky & Co. sonst ja eigentlich weiter südlich vermuten würde, im Blauen Land. Seit 1991 ist dies ein ökologisches Hotel mit 40 Zimmern und Ruhe ohne Ende oberhalb des Starnberger Sees. Mit Regenwasser für die WC-Spülung, kaum Elektrosmog (weil jedes Zimmer einen Netzabschalter hat), Holz- statt Metallfedern in den Matratzen, einem eigenen Naturschwimmteich und ausschließlich leckerer Bio-Kost auf den Tellern – vom Weideochsen über die Bachforelle bis zu Salat und Gemüse aller Art. Selbst die ausliegenden Hotelkugelschreiber wurden aus Maisstärke, Karton und Fichtensamen hergestellt …

Oberambach 1, 82541 Münsing, Tel. 0 81 77/93 23, www.schlossgut.de

6 Golfhotel Kaiserin Elisabeth

Die langjährige Sommerresidenz von Kaiserin Elisabeth in Feldafing am Starnberger See bietet neben königlicher Atmosphäre, 53 Zimmern, einem weitläufigen Park mit Tennis-Court und Elektroboot für Fahrten zur Roseninsel auch einen 18-Loch-Golfplatz direkt am Haus; 16 weitere Golfplätze liegen in nächster Nähe. Und wer die originale Sisi-Suite mit original golden schimmerndem Bett wählt, der ahnt, wie sich die Kaiserin einst erholt hat.

Tutzinger Straße 2, 82340 Feldafing, Tel. 0 81 57/9 30 90, www.kaiserin-elisabeth.de

Mehr Bayern geht nicht

Das Tegernseer Tal und seine umliegenden Berge, der Schliersee und der Spitzingsee, Bayrischzell und der Wendelstein formen eine Art Bilderbuch-Oberbayern. So manches Klischee straft einen dabei nicht einmal mit Lügen. Selbst Finanzkrisen scheinen hier an imaginären Grenzen haltzumachen. Denn in der Tegernsee-Region geht es Deutschland nicht nur gut, sondern prächtig.

Wo die Freiheit wohl grenzenlos ist: Den Paraglidern auf dem Wallberg liegt der Tegernsee zu Füßen.

Herbstlicher Blick vom Leeberg auf Rottach-Egern, dessen westlicher Ortsteil Egern direkt am südlichen Ufer des Tegernsees liegt.

Zwei Möglichkeiten, den See zu genießen: auf einem der Ausflugsschiffe oder auf der Terrasse des „Herzoglichen Brauhauses" im Ort Tegernsee.

See-Idyll und Malerwinkel: die Egerner Kirche überm See, vor Wallberg und Bodenschneid.

Eigentlich geht es immer am Ufer entlang: Radler in Bad Wiessee, das bereits seit dem Jahr 1922 ein anerkannter Kurort ist.

„Everybody here is extraordinarily nice!" – „Jeder hier ist außergewöhnlich nett!"

Der englische Schriftsteller D. H. Lawrence 1929 bei einem Besuch am Tegernsee

Lago di Bonzen ist kein schöner Begriff. Der Tegernsee wird trotzdem so genannt. Mal hämisch, mal neidisch, mal despektierlich. Lago di Bonzen ist eine Reaktion in Worten. Auf Ruhe und Reichtum. Auf Gelassenheit und Gemütlichkeit. Auf Schönheit und Sauberkeit. Auf Perfektion. Alles ist genau dort, wo es hingehört, ist sozusagen rottach-egerisiert: Papierschnipsel sind im Mülleimer, Geldscheine bei der Dorfbank. Der Wohlstandsbauch steckt in der Lederhose. Der Hut nebst Gamsbart liegt in der Ablage des 7er-BMW.

Eine der besten Adressen Deutschlands

Wie der Herr so's G'scherr, sagt man in Bayern. Also gibt sich der Tegernsee wie aus dem Bilderbuch. Als seien die umgebenden Berge, Wälder und Wiesen eigens für ihn nach Maß angefertigt und bemalt worden. Selbstredend zählt er zu den saubersten Seen Europas, denn schon vor mehr als 50 Jahren wurde eine Ringkanalisation geschaffen – die erste dieser Art weltweit übrigens.

Daher ist es nicht verwunderlich, dass der Tegernsee als eine der besten Adressen Deutschlands gilt, für viele bekannte und noch mehr unbekannte Reiche – Marke Goldrandbrille mit Vorstandsblond in teurem Loden. Unter den wohlhabendsten Gemeinden der Republik rangiert Rottach-Egern auf dem siebten Platz. Laut GfK-Marktforschung stehen den Bürgern am Südufer des Tegernsees mit einer Kaufkraft von jährlich 29 546 Euro pro Kopf rund 12 000 Euro mehr zur Verfügung als dem Durchschnittsdeutschen. Neben Prominenten wie dem Präsidenten von Bayern München, Uli Hoeneß, dem Modeunternehmer Willy Bogner oder dem Airbus- Chef Thomas Enders wohnen Ärzte und Zahnärzte, Geschäftsführer und Vorstände, Millionäre und Milliardäre im Tegernseer Tal. Keiner von ihnen ist daran interessiert, einen Promi-Treff aus See und Tal zu machen. Anders als auf der Insel Sylt oder im nahen tirolerischen Kitzbühel, ist man am Tegernsee gern unter sich. 900 Zweitwohnsitze gibt es in Rottach-Egern mit seinen gerade mal 5500 Einwohnern, der Ort Tegernsee kommt auf knapp 700 bei 4000 Einwohnern.

Karolin Troubetzkoy zum Beispiel ist Hotelbesitzerin eines der schönsten Resorts in der Karibik. Sie hat eine Kunstgalerie und sich eigens „einen BMW hier für den Tegernsee bestellt". Dieser See ist ihre Heimat, ihre Aufladestation, falls der St.-Lucia-Akku mal zur Neige geht. Doch das schöne Auto für den schönen See hat sie noch nicht abgeholt. „Das muss ich jetzt endlich mal machen, bevor ein

„Goaßlschnalzer" lassen es auch am Rottach-Egerner Rosstag Ende August schnalzen.

Die ehemaligen Tegernseer Klosterbauten dienen heute als Wittelsbacherschloss, als Gymnasium, als Pfarrkirche und einer ausgedehnten Gastlichkeit (hier der Freisitz vom „Bräustüberl").

Wer gern eine Tegernseer Tracht hätte, geht in Rottach-Egern zu „Greif".

Natürlich gehört zum „Gasthaus Altes Bad" in Kreuth auch ein zünftiger Biergarten,in dem Herzoglich Bayerisches ausgeschänkt wird.

Wildbad Kreuth, ein an einem Hang des Hohlensteins südlich vom Tegernsee gelegenes ehemaliges Kurbad, wurde vier Jahrzehnte lang als Bildungszentrum der Hanns-Seidel-Stiftung genutzt.

Seesauna

Special

Die heiße Irmi

Auch im schönen Bayern gibt es mal dunkle Wolken und Schlechtwettertage. Dann käme eine Sauna gerade recht, denn Saunieren bedeutet ja Entspannung, was jeder Sommerfrischler bei Regen sehr gut gebrauchen kann.

Natürlich soll es nicht irgendeine Sauna sein, sondern am besten die heiße Irmi: Das Saunaschiff „Irmingard" liegt im Ort Tegernsee, und dort kann man nach dem 95-Grad-Schwitzgenuss direkt in den erfrischenden Tegernsee hüpfen und finnische Gefühle erleben. In der Monte-Mare-Seesauna (www.monte-mare.de) stehen außerdem noch weitere fünf Dampf- und Schwitzbäder zur Auswahl sowie ein herrlicher Sole-Pool, eine mit bequemen Liegen und Strandkörben bestückte Wiese sowie ein privater Kieselstrand mit Blick auf die „Irmi" und das gegenüberliegende Bad Wiessee. Denn: Es kann ja nicht den ganzen Tag lang regnen ...

neues Modell rauskommt", sagt sie und fügt ganz ernst hinzu: „Aber ich bin wirklich noch nicht dazu gekommen ..."

Wer hätte solche „Probleme" nicht gerne? Und dazu eines dieser Traumanwesen in den exklusiven Lagen von Rottach, im sonnigen Leeberg oberhalb der Gemeinde Tegernsee oder im idyllischen Bad Wiesseer Ortsteil Abwinkl? Immobilien mit Seeblick kosten um die 5000 Euro pro Quadratmeter. Für exponierte Lagen direkt am See gibt es unter sieben Millionen Euro kaum einen Besitzerwechsel mehr. Die verschiedensten Immobilien-Fachleute sehen denn auch Wirtschafts- und Finanzkrisen am Tegernsee vorbeiziehen wie ein Gewitter, das sich hinter den Bergen entlädt.

hafen von den Tegernseer Gebirgsschützen begrüßt – Benedikt ist ihr Ehrenmitglied. Selbst auf dem Flohmarkt kann es schon mal hochkarätig zur Sache gehen, beispielsweise wenn die Herzogin Elisabeth in Bayern ihren Speicher aufräumt und Kurioses oder Wertvolles für einen guten Zweck verkauft.

Der Ort Tegernsee trägt nicht nur den Namen des Sees, weil er als Erster besiedelt wurde, sondern er steht auch in Sachen Glamour nicht hinten an. Zumal sich dort scheinbar auch beste Geschäfte machen lassen. So begann hier beispielsweise im Jahr 1986 die Hexal-Story. Die Brüder Strüngmann machten aus einem Büro, einem Telexgerät mit Lochstreifen und einer guten Idee einen Pharmakon-

„Zart besaitet samma net!"

Tegernseer Biergartenphilosoph

Ein Ort für Goldhändchen

Im Tegernseer Tal steht vor allem Rottach-Egern für Society. Wenn der Ex-Präsident der Sowjetunion, Michail Gorbatschow, seine Tochter Irina besucht, kehrt er im „Fischerei Bisto" ein. Mit Blick auf den See werden dort Forelle, aber auch feinster Hummer serviert. Und als der deutsche Papst Benedikt XVI. noch im Amt war, wurde er am Münchner Flug-

zern, 20 Jahre später an der Börse über fünf Milliarden Euro wert war.

Bad Wiessee hingegen ist ein Platz für Best und Golden Ager. Manche drehen den Spieß um und sagen: Wiessee leidet unter diesem Image, hat der Ort doch heilende Quellen vorzuweisen, darunter Deutschlands stärkste Jodschwefelquelle. Ab dem Jahr 1904 wurde hier zunächst nach Erdöl gesucht. Gefunden und bis zu

Vorbei an der kleinen Kapelle am Grat geht es hinauf zum Gipfel der Brecherspitze. Am Weg bietet die Ehard-Alm Gelegenheit zur Rast. Bequemer „erstürmt" man den Wendelstein mit Bayerns ältester Zahnradbahn von Brannenburg aus. Seit dem Jahr 1889 krönt das Wendelsteinkircherl die Schwaiger Wand etwa 100 Meter unterhalb des Gipfels.

einer Million Liter pro Jahr gefördert hat man dann Petroleum. Erst 1909 brachte Bohrloch III unerwartet die Jod- und Schwefelquelle zum Sprudeln.

Gewinn und Verlust

Wo modernste Kur- und Wellness-Einrichtungen für Wohlergehen sorgen, ist in der Regel ein Casino nicht weit. Zwar schreibt die Kleiderordnung in Bad Wiessee für den Herrn nur Sakko und Hemd vor, doch der architektonisch recht ansprechende Bau verspricht in seinem Herzen exklusive Unterhaltung: an grü-

Glockengeläut zeigt dem Wanderer, dass der Aufstieg zur Alm fast geschafft ist.

nen Roulettetischen mit stilvoll im Smoking gewandeten Croupiers. *Faites vos jeux:* Beim Roulette, Black Jack oder Baccara freuen sich ältere Herrschaften über 20 Euro Gewinn, ärgern sich nach 40 Euro Verlust. Aber manchmal hängt beim Großen Spiel am Plus oder Minus auch noch die eine oder andere Null dran ...

Doch halt! Nicht nur am Casino in Wiessee oder an der Seepromenade von Rottach parkt zwischen all den Cayennes und anderen teuren SUV's schon mal ein Skoda-Kombi oder Hybridauto. Neben dem Lodengeschäft gibt es mittlerweile einen Bioladen, neben dem Banker in Rente den Studenten mit Visionen, und beim Seefest in Rottach-Egern kommen der VIP (in Edel-) wie der Bauer in (traditioneller) Tracht. Die Leute legen schließlich Wert aufs Brauchtum.

Jagd und Erholung

Tourismus gibt es am Tegernsee schon seit dem Jahr 1817, als die Wittelsbacher erstmals zur Jagd und Erholung kamen. Zwischen all den Show-, Wirtschafts- und Politgrößen tummeln sich jahrein, jahraus auch „normale" Familien beim Schwimmen oder Skifahren. Längst stellen die

Blick auf Wasserburg mit der Innbrücke und dem Brucktor, dem Turm der Pfarrkirche St. Jakob und der treppengiebeligen Burganlage des 16. Jahrhunderts.

Das Luftbild zeigt Wasserburgs idyllische Lage inmitten einer Innschleife.

Rosenheims Max-Josefs-Platz umgeben gemütliche Lauben und …

… gastliche Stätten. Prächtige Bürgerhäuser im Salzachstil säumen den heute zur Fußgängerzone ausgebauten historischen Marktplatz in Rosenheim.

Wasserburg lässt sich gern „die Schöne" nennen – auch wegen der vielen Jünger der „schönen" Künste in seinem Mauerrund.

Urlauber zumindest temporär die Mehrheit. Nur die Mischung aus Einheimischen, Zugereisten und Urlaubern scheint nicht homogen, nicht perfekt, einfach nicht richtig „rottach-egerisiert" zu sein, auch wenn es im Dorfkircherl Gottes Segen für alle gibt. Ein paar Kilometer südlich kickt der FC Real Kreuth und tagt die CSU. Durch ihre jährlichen Klausurtagungen, den einst von Franz Josef Strauß betriebenen Kreuther Trennungsbeschluss und bis heute gern etwas lauter formulierte poltische Statements der CSU-Oberen kam Wildbad Kreuth mit seinem Tagungszentrum zu bundesweiter Bekanntheit.

Bäuerliche Traditionen

Der Schliersee ist ebenfalls deutschlandweit bekannt. Doch wie im 300 Meter höher gelegenen, nahezu unberührten Spitzingsee scheinen die Uhren hier gemächlicher als am aufgetakelten Tegernsee zu gehen. Die Rotwand, der Rosskopf und weiter östlich der Wendelstein, Bayrischzell sowie das gern von Münchnern frequentierte Sudelfeld gelten als wunderbare Wander- und Wintersportgebiete, in denen sich auch so mancher vom Tegernseer Tal gern verlustiert.

Der Schlierseer Doppel-Skiolympiasieger Markus Wasmeier etwa kennt auf den dortigen Pisten jede Mulde. Erstmalig in Deutschland initiierte er in seinem Heimatort ein „lebendes Museumsdorf". Nix Lago di Bonzen, nix Starkult: Der heimat- und traditionsbewusste Sportler hatte einfach die schöne Idee, ein Bauerndorf mit seinen mehrere Jahrhunderte alten Höfen zum Leben zu erwecken. Diese werden heute entsprechend den überlieferten bäuerlichen Traditionen bewohnt und bewirtschaftet.

„Wir holen so das tägliche Leben vergangener Zeiten aus der Mottenkiste," sagt Wasmeier und flaxt in vollendetem Bayrisch hinterher: „So wisst's, dass a Kuah net lila is!"

Alle lieb(t)en Bruno

Die Gegend kennt aber noch einen Star. Dass der Ort Bayrischzell im Jahr 1076 von der Gemahlin des Pfalzgrafen Otto II. gegründet wurde, weiß kaum jemand. Aber wer in der Nacht zum 26. Juni 2006 in der Nähe der Rotwand im Gemeindebereich Bayrischzell aus 150 Meter Entfernung erschossen wurde, das haben nur wenige vergessen. Der „Bruno" genannte Braunbär war tagelang Aufmacher und Liebling in allen Gazetten vom Wattenmeer bis zum Wendelstein. Er kam aus Südtirol, streifte unbehelligt durch Österreich und galt ausgerechnet in Oberbayern als so gefährlich, dass er getötet wurde …

GASTRONOMISCHE ERKUNDUNGEN AM TEGERNSEE

Aller guten Dinge sind drei

Kulinarische Meisterleistungen sind seit einigen Jahren spürbar im Vormarsch am Tegernsee. Die Spitzenköche fahren für sich und ihre Restaurants Sterne, Hauben, Kochlöffel, Bestecke und Punkte ein. Die gutbürgerlich-bayerische Küche und traditionelle Biergartenkultur ergänzen das Gastronomieangebot zum feinen Gesamtbild.

Ein Mann, drei Sterne: Mit seinem fest im Voralpenland verwurzelten eigenständig-kreativen Stil sichert Christian Jürgens dem Tegernsee einen Platz auf der kulinarischen Weltkarte.

Ein Mann aus dem westfälischen Unna sitzt spät abends, wenn der Trubel vorbei ist, öfter mal allein auf dem Bänkchen neben der Schiffsanlegestelle „Überfahrt". Dort schnauft er durch, genießt die klare Luft, schaut entspannt auf die Silhouetten der Berge und darüber in die Sterne. Manchmal sinniert er auch: „Der Tegernsee ist aus seinem Dornröschenschlaf erwacht. Die Chancen stehen nicht schlecht, dass wir hier ein neues Baiersbronn werden." (Die Schwarzwald-Gemeinde gilt als das kulinarische Mekka Deutschlands.)

Der Mann heißt Christian Jürgens, ist Drei-Sterne-Koch des Gourmetrestaurants „Überfahrt" in Rottach-Egern und der gastronomische Star am See. Im August 2008 kam er an den Tegernsee und holte nach nur drei Monaten seine zuvor schon auf der „Burg Wernberg" in der Oberpfalz erkochten zwei Michelin-Sterne auch für die „Überfahrt". 2013 flatterte ihm dann erneut ein Fax der Michelin-Redaktion ins Haus, dieses Mal mit drei Sternen ...

Alles, was gut ist und (ziemlich) satt macht: rustikaler Brotzeitteller im „Herzoglichen Bräustüberl".

Kleine Kunstwerke auf dem Teller

Doch es muss nicht immer ein Stern sein, um köstlich zu goutieren. Wenn Küchenchef Horst Trautwein die Jakobsmuschel mit Papaya-Chili-Vinaigrette und nach der Dorade den Lolli vom Himbeer-Sorbet im „Restaurant Senger" im Hotel „Das Tegernsee" auffährt, darf der Gaumen ebenfalls jubeln. Die Augen sehen auf dem Teller kleine Kunstwerke und im Tal den herrlichen See. Und ganz nebenbei freut sich auch der Geldbeutel, schließlich wird er um zwei Drittel geschont gegenüber den drei Sternen ...

Man braucht einen langen Atem

Ortswechsel. Mittagszeit in Kreuth: Im Ofen brutzelt der Klassiker der bayerischen Küche, ein Schweinebraten. Nach zweieinhalb Stunden ist das gute Stück fertig. Dann wird serviert: im urigen Biergarten vor der über Jahrhunderte unveränderten Kapelle des idyllisch gelegenen Gasthauses „Altes Bad". Axel Winkelmanns Philosophie: „Mittags bieten wir bodenständig-bayerische Gerichte, am Abend gehobene, doch nicht abgehobene Küche."

So fing es auch in Baiersbronn an. Absolute Spitzenköche wie Christian Jürgens gehen vorneweg und heben so fast automatisch das kulinarische Niveau, weil viele nachziehen, ohne dabei gleich nur auf Austern, Jakobsmuscheln und Kaviar zu setzen.

„Schweinebraten, Gulasch, Rindsrouladen und andere traditionelle Gerichte sind für jeden Koch die Basis", bestätigt Jürgens, dessen Lieblingsgericht ein gutes Wiener Schnitzel ist. So verspricht seine „Überfahrt"-Karte Kreationen vom frisch gefangenen Saibling aus dem Tegernsee, aber auch eine „Olé Edition" mit Langostinos im

„Tegernseer Bachsaibling auf seinem Lieblingsstein", ein Gericht von Christian Jürgens „Gourmetrestaurant Überfahrt".

Mittags gibt es bodenständig-bayerische Gerichte, am Abend gehobene, doch nicht abgehobene Küche.

Was wäre Oberbayern – hier im „Herzoglichen Bräustüberl" – ohne deftige Schweinshaxe?

Paellasud. Selbst Show-Gastronomie hält Jürgens für denkbar am Tegernsee. Aber dafür müsste man wohl „einen langen Atem haben", meint er und setzt lieber auf seinen eigenen Weg: mit allerbesten Produkten, raffinierter Zubereitung, exquisitem Ambiente – und einer Kundschaft, „die nicht an den Tisch starrt, an dem gerade ein Prominenter Platz genommen hat".

Letzteres kann auch mal in einem lauschigen Biergarten passieren, in guten alten Wirtshäusern wie dem „Herzoglichen Bräustüberl" in Tegernsee oder in dem guten Dutzend Restaurants mit gehobener regionaler Küche. Dazu gehören die Kollegen der „Dichterstub'n", des „Maiwerts", beide in Rottach, sowie Erich Schwingshackl mit seiner „Esskultur" in Tegernsee und der „Leeberghof" mit seinem Logenplatz hoch über dem See. Bewirtschaftete Almen runden das edelgastronomische Angebot der Region auf wunderbar rustikale Weise ab.

Höchste Gourmetrestaurantdichte in Bayern

Alles zusammen lässt darauf schließen, dass der kulinarische Höhenflug der Tegernsee-Region noch länger anhält. Schon jetzt bietet diese die höchste Gourmetrestaurant-Dichte in Bayern. Nicht weniger als sechs Sterne funkeln am See, wo der Mann aus Unna spät abends am Anleger „Überfahrt" durchschnauft und die fernen Sterne des Himmels bewundert.

Adressen

Gasthaus Altes Bad, Wildbad Kreuth 2, Kreuth, Tel. 0 80 29/3 04, www.altesbad.de
Dichterstub'n, Aribostraße 19, Rottach-Egern, Tel. 0 80 22/66 60, www.egerner-hoefe.de
Fischerei Bistro, Überfahrtweg 15, Bad Wiessee, Tel. 0 80 22/85 74 95, www.fischerei-tegernsee.com
Kirschner-Stuben, Seestraße 23a, Rottach-Egern, Tel. 0 80 22/27 39 39, www.kirschner-stuben.de
Maiwerts, Südliche Hauptstraße 14, Rottach-Egern, Tel. 0 80 22/7 05 66 99, www.maiwerts.de
Restaurant Senger, Neureuthstraße 23, Tegernsee, Tel. 0 80 22/18 20, www.dastegernsee.de
Gourmetrestaurant Überfahrt, Überfahrtstraße 10, Rottach-Egern, Tel. 0 80 22/66 92922, www.seehotel-ueberfahrt.com
Schwinghackl Esskultur, Schwaighoferstraße 53, Tegernsee, Tel. 0 80 22/18 77 00, www.schwinghackl-esskultur.de
Weitere Adressen siehe Seite 39

Anzeige
BAVARIAN SINGLE MALT
WHISKY DESTILLERIE
Aus vollem Herzen bayerisch.
Bavarian Whisky Destill
SLYRS
N° 2037
Limitierte Auflage
15 WORLD WHISKIES AWARDS
CATEGORY WINNER
SLYRS
·Single Malt·
Whisky
matured in new american oak casks
SLYRS
(v. l.) Hans Kemenater, Destillateurmeister und sein Team.
Besuchen Sie uns am Schliersee.
Täglich geöffnet von 10.00 - 18.00 Uhr
Sonn- und Feiertage geöffnet
Letzte Besichtigung: 17.00 Uhr
2015 Gewinner der WWA, London
„BEST EUROPEAN SINGLE MALT
12 YEARS AND UNDER“
Tasting Note
Charaktervoller Bavarian Single Malt Whisky.
Mild, angenehm, aromatisch, malzig mit fruchtbetonten Aromen. Nachhall lang und intensiv, würzige Note mit Holzaromen von getoastetem Fass.
SLYRS Destillerie GmbH & Co.KG
Bayrischzeller Str. 13 · 83727 Schliersee/Neuhaus · Tel: 0 80 26/9 222 795 · info@slyrs.de · www.slyrs.de

EBERSBERG
WASSERBURG am Inn
GRAFING bei München
Kirchseeon
Zorneding
Grasbrunn
Putzbrunn
Höhenkirchen-Siegertsbrunn
Oberpframmern
Glonn
Aying
Egmating
Moosach
Aßling
Emmering
Pfaffing
Edling
Rott am Inn
Griesstätt
Vogtareuth
Schechen
Tuntenhausen
Feldkirchen-Westerham
Valley
Bruckmühl
BAD AIBLING
KOLBERMOOR
ROSENHEIM
Großkarolinenfeld
Stephanskirchen
Riedering
Weyarn
Warngau
Irschenberg
MIESBACH
Bad Feilnbach
Hausham
Gmund am Tegernsee
Bad Wiessee
TEGERNSEE
Rottach-Egern
Kreuth
Schliersee
Fischbachau
Bayrischzell
Brannenburg
Raubling
Rohrdorf
Neubeuern
Nußdorf am Inn
Flintsbach am Inn
Oberaudorf
Kiefersfelden
Wendelstein
Ursprungpass
Deutsche Alpenstraße
Maßstab 1:200.000
0 2 4km
1
2
3
4
5
6

Ganz schön prächtig

Wenn die Natur zaubert, kann eine Prachtregion wie das Tegernseer Tal dabei herauskommen. Der See mit seinen Ortschaften und umliegenden Bergen ist einer der Hauptanziehungspunkte in Oberbayern. Neben Ausflügen dort lohnt auch eine Fahrt entlang der Mangfall nach Rosenheim und weiter am Inn über Rott bis Wasserburg.

1 Wasserburg am Inn

Im 15. Jh. erlebte die Innstadt (13 000 Ew.) ihre größte Blütezeit. Als Bayernherzog Albrecht IV. 1504 das hiesige Salzstapelmonopol zu Gunsten Rosenheims entzog, setzte wirtschaftlicher Niedergang ein. Der historische spätgotische Altstadtkern mit engen Gässchen, bunten Fassaden und gewölbten Laubengängen bietet viele Cafés, gemütliche Gaststätten, interessante Galerien und kulturelles Leben.

Die Herrengasse in Wasserburg am Inn säumt ein schmuckes Häuserensemble.

SEHENSWERT/MUSEEN

In die **Altstadt** TOPZIEL auf der Halbinsel gelangt man über die Innbrücke und das massive **Brucktor** (1470) mit Wandmalereien von 1568. Die Bruckgasse führt zum Marienplatz. Dort zeigt das spätgotische **Rathaus** (1457) in der Ratsstube u. a. eine geschnitzte Holzdecke (Führungen Mai–Sept. Di.–Fr. 10.00, 11.00, 14.00, 15.00 und 16.00, sonst Sa. und So. 10.00 und 11.00 Uhr). Für die Rokokofassade des **Kernhauses** (1738–1740, Marienplatz; heute Hotel), eines alten Patrizierhauses, zeichnet Johann Baptist Zimmermann verantwortlich. Spätgotisch ist die den Ort dominierende Hallenkirche **St. Jakob** (1410–1478). Eine prachtvolle Renaissance-Kanzel (1635) der Brüder Zürn sowie ein „Lebensbaum" (1460) an der südöstlichen Chorwand sind sehenswert. In der **Frauenkirche** (um 1325) ist am Hochaltar die „Schöne Madonna" (1430) zu sehen, eine liebliche Madonnen-Darstellung.
Kunst- und kunstgeschichtliche Sammlungen zeigt das **Städtische Museum** im Heimathaus (Herrengasse 15, www.museum.wasserburg.de; Mai–Sept. Di.–So. 13.00–17.00, sonst Di.–So. 13.00–16.00 Uhr). Über 500 Repliken berühmter Gemälde lernt man im **Ersten Imaginären Museum** kennen (Bruckgasse 2; Mai bis Sept. Di.–So. 13.00–17.00, sonst Di.–So. 13.00–16.00 Uhr, 24. Dez. bis Jan. geschl.).

VERANSTALTUNGEN

Klassische **Konzerte** finden im Rathaussaal statt. Weltgrößter seiner Art ist der **Taubenmarkt** (1. Feb.-So.). Besonders schön und chillig: **Wasserburg leuchtet** (Sept.).

AKTIVITÄTEN

Inn-Rundfahrten werden ab der Schiffsanlegestelle an der Inn-Brücke veranstaltet (ca. 60 Min.; Fahrten abhängig vom Wasserstand, Anmeldung unter Tel. 0 80 71/47 93). Das **Badria** ist ein Bade-, Sport- und Freizeitzentrum (Alkorstraße 14, www.badria.de; So.–Do. 9.00 bis 21.00, Fr.–Sa. bis 22.00 Uhr). Von der „Schönen Aussicht" (ca. ¼ Std. Gehzeit vom Marienplatz) am Kellerberg genießt man am östl. Inn-Ufer einen herrlichen Blick auf das Stadtbild.

UMGEBUNG

Die ehem. Klosterkirche in **Rott am Inn** (11 km südl.) ist ein – gern in einem Atemzug mit der Wieskirche genanntes – Rokokojuwel.

INFORMATION

Gäste-Information, Rathaus,
Marienplatz 2, 83512 Wasserburg am Inn,
Tel. 0 80 71/1 05 22, www.wasserburg.de

2 Rosenheim

Rosenheim ist die kulturelle und wirtschaftliche Metropole Ostoberbayerns am Schnittpunkt großer Hauptverkehrsachsen. Die kreisfreie Stadt (60 000 Ew.) mit der Rose im Wappen konnte sich im Altstadtkern Gemütlichkeit bewahren. Salzhandel auf dem Inn brachte im 15. Jh. Wohlstand. Heute hat die Stadt durch mittelständische Unternehmen, Ausbildungs- und Forschungsstätten (Holz und Holztechnik) sowie eine Holzbörse internationales Renommee.

SEHENSWERT/MUSEEN

In der **Altstadt** rings um den **Max-Josefs-Platz** (Fußgängerzone) trifft man die typischen Häuser im Salzachstil (15./16. Jh.) mit Arkaden und schmalen Fronten, darunter das Fortnerhaus mit Rokokofassade. Als einzig erhaltenes Stadttor beherbergt das **Mittertor** (14. Jh.) das Städtische Museum. Die neugotische Stadtpfarrkirche **St. Nikolaus** ist mit ihrem Zwiebelturm Wahrzeichen. Nach einem verheerenden Brand Mitte des 18. Jh.s wurde die Spitalkirche **St. Josef** neu errichtet. Aus barocker Zeit blieb die **Rossackerkapelle** (am Rossacker) nahe dem Brauhaus. Seit 1878 befindet sich das **Rathaus** der Stadt im 1858 errichteten alten Bahnhof.
In einer zum Museum umgewidmeten Lokomotivenremise, dem **Lokschuppen**, werden bemerkenswerte Ausstellungen gezeigt (Rathausstraße 24, www.lokschuppen.de, Mo.–Fr. 9.00 bis 18.00, Sa./So. ab 10.00 Uhr). Im ehem. Bruckbaustadel residiert das **Inn-Museum** (Innstraße 74; April–Okt. Fr. 9.00–12.00, Sa./So. 10.00–16.00 Uhr). Das **Städtische Museum** führt durch die lokale Geschichte (Ludwigsplatz 26; Di.–Sa. 10.00–17.00 Uhr, jeden 1., 3. und 5. So. im Monat 13.00–17.00 Uhr).

INFORMATION

Touristik-Information, im Parkhaus P1, Hammerweg 1, 83022 Rosenheim, Tel. 0 80 31/3 65 90 61, www.touristinfo-rosenheim.de

3 Bayrischzell

Eine Wintersportgemeinde wie sie im Buche steht: gemütlich, überschaubar. Aber auch im Sommer hat der im 11. Jh. aus einer Klostersiedlung entstandene Luftkurort (1600 Ew.) bei Wanderern und Motorradfahrern beste Referenzen.

SEHENSWERT
Der Ferienort um seine barocke Pfarrkirche aus dem 18. Jh. liegt im Schatten des **Wendelsteins** (1838 m; Wendelsteinbahn, Tel. 0 80 34/30 80, www.wendelsteinbahn.de); rundum gibt es etwa 50 bewirtschaftete Almen. Die **Sudelfeldstraße** lieben Biker mit und ohne Motor gleichermaßen, während das Obere Sudelfeld mit 16 Liften und 32 km Pisten ein gutes Skigebiet ist (**€ € Gasthof Sudelfeld**, Unteres Sudelfeld 4, 83735 Bayrischzell, Tel. 0 80 23/8 19 90, www.berghotel-sudelfeld.de). 95 m stürzt der **Tatzelwurm-Wasserfall** des Auerbachs in die Tiefe.

INFORMATION
Tourist-Information, Kirchplatz 2, 83735 Bayrischzell, Tel. 0 80 23/6 48, www.bayrischzell.de

❹ Schliersee

785 m hoch gelegen, gilt das gut 2 km² große Gewässer als Badesee mit bester Wasserqualität. Die gleichnamige Marktgemeinde ist ein bekannter, aber ruhiger Urlaubsort.

SEHENSWERT
Einen schönen **Blick** auf den Ort mit seiner barocken Pfarrkirche und den See hat man von der **St.-Georgs-Kirche** (14. Jh.) auf dem Weinberg und vom 1256 m hohen **Schliersberg** mit seinem Hotel, der per Seilbahn zu erreichen ist (**€ Schliersbergalm**, 83727 Schliersee, Tel. 0 80 26/67 23, www.schliersbergalm.de). Das Inselchen Wörth ist in privater Hand. Es lohnt eine Umrundung mit dem Ruderboot.

MUSEUM
Bäuerliches Leben zeigt Markus Wasmeiers **Freilichtmuseum Schliersee** in Neuhaus (Brunnbichl 5 ,Tel. 0 80 26/92 92 20, www.wasmeier.de; April–Nov. Di.–So. 10.00–17.00 Uhr). Ebenfalls in Neuhaus hat die **SLYRS Whisky Destillerie** ihren Sitz. Man kann sie individuell oder mit Führung besuchen (tgl. 10.00–18.00 Uhr, Führungen n. Vereinb., www.slyrs.de). Nebenan bietet Caffee & Lunchery Leckeres aus der Region (tgl. 9.00–18.00 Uhr).

UMGEBUNG
Über 1000 m hoch gelegen, knapp 34 ha groß und selbst im Hochsommer kühl, dafür mit Trinkwasserqualität: der **Spitzingsee**. Schöne Aussichten genießt man vom 1128 m hohen Spitzingsattel und von der Rotwand mit 1884 m, erreichbar mit der Taubenstein-Seilbahn. Ein Übernachtungstipp direkt am See ist das: **€€€€ Arabella Alpenhotel** (Seeweg 7, 83727 Schliersee-Spitzingsee, Tel. 0 80 26/79 80, www.arabella-alpenhotel.com).

Im Uhrzeigersinn von oben: Almabtrieb von der Königsalm bei Kreuth, Schloss Tegernsee, Ruderfähre vor Rottach-Egern.

Tipp

Kaiser-Reich

Am Ende siegt immer die Gerechtigkeit. Mutige Ritter und leidgeprüfte Jungfrauen widerstehen infamen Erzschurken und überstehen grausame Schicksale – seit Jahrhunderten schon gelangen in Kiefersfelden herzanrührende Themen auf die Bühne. Passend dazu nennt sich der südbayerische Zipfel am Fuß des Kaisergebirges um die Luftkurorte Oberaudorf und Kiefersfelden „Kaiser-Reich"; eine Ferienregion, die sich in erster Linie an Naturliebhaber wendet, die sich u. a. Deutschlands Erster Bergwanderschule anvertrauen können.

INFORMATION
Kaiser-Reich Information, Kufsteiner Straße 6, 83080 Oberaudorf, Tel. 0 80 33/3 01 20, www.kaiser-reich.com; Ritterschauspiele Ende Juli–Aug.

INFORMATION
Gäste-Information, Perfallstraße 4, 83727 Schliersee, Tel. 0 80 26/6 06 50 www.schliersee.de

❺ Tegernsee

Die reizvolle Lage mit zum Süden hin aufragenden Bergen, seine überschaubare Größe von knapp 9 km², liebenswerte Ortschaften sowie die vielen schönen Wander-, Wasser- und Wintersportmöglichkeiten machen die Region zu einem idealen Platz, um abzuschalten und zu genießen, Kraft zu tanken oder aktiv zu sein.

SEHENSWERT
Trotz des einzigen Segelklubs am See blieb **Gmund** (6100 Ew.) bodenständig. Altbundeskanzler Ludwig Erhard (1897–1977) war hier zu Hause und liegt auf dem Bergfriedhof begraben. Das ehem. Benediktinerkloster **Tegernsee** (1803 säkularisiert) markiert den Siedlungsbeginn 746 am See; es wurde zur königlich-bayerischen Sommerresidenz umgebaut. Die urspr. Klosterkirche stammt im Kern aus dem 11. Jh.; sehenswert sind die Fresken von Johann Georg Asam (dem Vater des in Tegernsee getauften Egid Quirin Asam) sowie Leo von Klenzes Fassade. Das Südostufer des Sees ist besonders sonnenreich – die Sonnenterrasse des Tals. Die Häuser von Tegernsee (4000 Ew.) sind fein herausgeputzt, das Rathaus ist repräsentativ, die Geschäfte sind ansprechend. Das schmale Südufer dominiert **Rottach-Egern** (5500 Ew.) mit Stil und Eleganz. Maler, Dichter und Komponisten ließen sich von dem heutigen Doppelort inspirieren. Auf dem Friedhof von St. Laurentius (15. Jh.) liegen u.a. Ludwig Thoma und Ludwig Ganghofer. Im „Malerwinkel", der Egerner Bucht, saßen Künstler am Seeufer und zeichneten die Rottacher Kirche. **Bad Wiessee** am Westufer (4600 Ew.) ist seit 1922 der Kurort am See. Schon seit 1411 suchen hier Menschen Hilfe und Heilung, besonders in Deutschlands stärksten Jodschwefelquellen. Reizvoll sind auch das Casino und der Golfplatz – der Blick vom 8. Loch auf das Tegernseer Tal mit dem Wallberg ist besonders schön.

MUSEEN
Wie Papier hergestellt wird, erfährt man in der **Büttenpapierfabrik** von Gmund. Seit 1829 besteht das Familienunternehmen. Leonardo di Caprio bekam seine Oscar-Urkunde auf Gmunder Papier (Mangfallstr. 5, www.gmund.com; 1. und 3. Do. im Monat 15.30 Uhr). Im **Museum Tegernseer Tal** sind volkskundliche Exponate und Trachten zu sehen (Seestraße 17, Tegernsee, Tel. 080 22/49 78, www.museumtegernseertal.de; Mai–Okt. Di.–So. 14.00–17.00, Mi. ab 11.00 Uhr).

„Mach nur die Augen auf, alles ist schön."
Ludwig Thoma, geb. 1867 in Oberammergau, gest. 1921 in Rottach-Egern

AKTIVITÄT
Einen **Spaziergang TOPZIEL** auf der Bad Wiesseer Seepromenade zum Ortsteil Abwinkl sollte man ebenso wenig versäumen wie den Blick vom dortigen **Aussichtspunkt Prinzenruhe.** Den besten Talblick hat man auf einem **Ausflugsdampfer** (Schifffahrt Tegernsee, Seestraße 70, 83684 Tegernsee, Tel. 0 80 22/9 33 11, www.seenschifffahrt.de). Oder man mietet sich ein Ruder- oder Tretboot (u. a. Christoph Rixner, Seestraße 12 a, Tegernsee, Tel. 0 80 22/15 54, www.bootsverleih-rixner.de). Einzige **Segel- und Surfschule** ist Stickl (Seeglas 2, Gmund, Tel. 0 80 22/7 54 72, www.segelschule-stickl.de).

EINKAUFEN
Loden und Trachten sind authentische Mitbringsel – eine gute Auswahl hat „Trachten Greif" (Nördliche Hauptstraße 24, Rottach-Egern, Tel. 0 80 22/55 40, www.trachten-greif.de).

VERANSTALTUNGEN
Die **Waldfest-Saison** im Sommer gehört zur Tradition. Ob Fußballverein oder Skiclub, jeder stellt etwas auf die Beine mit Tegernseer Bier und Blasmusik (Termine beim Fremdenverkehrsamt).

HOTELS UND RESTAURANTS
Die Nr. 1, auch für Feinschmecker, ist das **€€€€ Seehotel Überfahrt** (Überfahrtstraße 10, 83700 Rottach-Egern, Tel. 0 80 22/66 90, www.seehotel-ueberfahrt. com). In Toplage mit Seezugang über dem See thront das Hotel **€€€€ Das Tegernsee** (siehe auch „Unsere Favoriten", S. 18/19). Urig und für ihre Knödel bekannt ist die **€€/€€€ Hafner-Alm** auf 1100 m im Wandergebiet Sutten (Tel. 0 80 22/ 2 43 96, www.hafner-alm.de). Weitere Restaurantempfehlungen finden Sie auf S. 34.

INFORMATION
Fremdenverkehrsamt Tegernseer Tal, Hauptstraße 2, 83684 Tegernsee, Tel. 80 22/92 73 80, www.tegernsee.com

6 Kreuth

Der heilklimatische Kurort (3700 Ew.) bietet im Naturschutzgebiet der Weißach-Auen seltene Tiere und Pflanzen und gilt als ein im Winter schneesicheres Gebiet.

SEHENSWERT
Die **Pfarrkirche** aus dem 12. Jh. ist ältestes Leonhardi-Heiligtum Bayerns (Leonhardifahrt am 6. Nov.). Die ehem. Kurgebäude wurden durch CSU-Klausurtagungen bekannt.

VERANSTALTUNGEN
Kaum ein Ort in der Region ist so aktiv, was die Pflege des Brauchtums betrifft: Es gibt Almabtriebe und Leonardiritte, Kirchweih und Rosstag, Volkstheater und Volksmusik.

INFORMATION
Tourist-Information, Nördliche Hauptstraße 3, 83708 Kreuth, Tel. 0 80 29/9 97 90 80, www.kreuth.de

Genießen Erleben Erfahren

DuMont Aktiv

Frei wie ein Vogel

Himmlische Aussichten verspricht ein Flug vom Gipfel des Wallbergs. Wer es nicht allein kann oder will, möchte sich vielleicht beim Tandemflug huckepack einem erfahrenen Könner anvertrauen. Oder man setzt sich ins 1623 m hoch gelegene Panoramarestaurant und schaut den bunten Vögeln einfach zu – Liegestühle stehen bereit.

In zehn Minuten werden mit der Bergbahngondel 830 Höhenmeter überwunden, um auf den 1722 m hohen Wallberg zu kommen. Im Winter lockt die mit 6,5 km längste Naturrodelbahn Deutschland, während der Berg im Sommer einen der schönsten Startplätze für Paraglider bietet: die Wiese an der von Wind und Wetter gezeichneten Wallberg-Kapelle, hoch über dem Tegernsee. Wenn die aufsteigenden Winde stimmen, die hier aus Sicht der Gleitschirmflieger erfreulich häufig zu verzeichnen sind, heben die Paraglider ab und schrauben sich nach oben, um den Wallberggipfel zu überhöhen.

Viele fliegen nicht ins Tal, sondern kehren nach einer Weile, wie nach einem Weltraumausflug, zur Bodenstation Wallberg zurück. Gängige Abstecher führen zum Setzberg, zur Bodenschneid, zum Ringberg oder nach Norden zum südöstlichen Eck des Tegernsees.

Weitere Informationen

Die Wallberg-Bahn ist ganzjährig in den Kernzeiten von 8.45 bis 16.30 Uhr in Betrieb (www. wallbergbahn.de).
Die Gleitschirm-Flugschule bietet auch Tandemflüge an. Mitzubringen sind dafür eine bequeme lange Hose, ein Pulli, Bergschuhe. Overall und Flugausrüstung werden gestellt (www.paraglidingtegernsee.info).
Unter Tel. 0160/96 64 38 91 ist die Flugwetteransage zu erreichen.
Alles zum Panoramarestaurant erfährt man auf www.wallberg-restaurant.de.

Schönheiten im Schatten

Umgeben vom mondänen Tegernsee, der Kunstregion Blaues Land und der mächtigen Zugspitze haben es Bad Tölz und der Isarwinkel nicht einfach. Die Region zieht sich von der österreichischen Grenze an der Isar entlang. Ihre schönsten Seiten befinden sich westlich des Flusses, am Kochel-, Walchen- und Sylvensteinsee oder in der Jachenau, an der Benediktenwand und am Brauneck – das Tölzer Land aus den verschiedensten Blickwinkeln.

Blick vom Herzogstand auf den Walchensee mit der Halbinsel Zwergern und hinüber zum Karwendelgebirge.

Bad Tölz, am nördlichen Eingang des Isarwinkels gelegen, wurde erstmals im Jahr 1155 urkundlich als „Tolnze" erwähnt. Die mittelalterliche Marktstraße ist Schmuckstück und Flaniermeile zugleich.

Das älteste Zeugnis einer Leonhardifahrt zu Ehren des heiligen Leonhard, des Schutzpatrons der Pferde, geht auf das Jahr 1442 zurück. Zu einer solchen Prozession am 6. November gehören geschmückte Pferde und Kutschen. Blaskapellen und Trachtengruppen sorgen für Folklore, Brotzeiten und Bier fürs leibliche Wohl – und der Pfarrer gibt den Segen für Mensch und Tier.

Bei Max Schweighofer in der Marktstraße gibt es schon seit dem Jahr 1890 Enziane, Alpenkräuterliköre und den Tölzer Leonhardischnaps.

„Wer sich nicht in Gefahr begibt, kommt darin um."

Herbert Achternbusch

Der See, auf dem ein paar Kähne dümpeln, glitzert im Sonnenlicht. Bergkämme recken ihren schmalen Grat in die Höhe, braun-weiß gefleckte Kühe grasen glücklich. Eine Sennerin sieht man beim Buttern, einen Kaser, wie er den Almkäse macht. Und im Tal liegen sattgrüne Wiesen mit purpurfarbenen Wildblumen, umsäumt von majestätischen Föhren, die ihre Kronen in einer sanften Brise wiegen. So oder so ähnlich könnte beinahe jede Oberbayern-Geschichte beginnen. Und sie würde häufig ein stimmiges Entree zeichnen, auch für das Tölzer Land und den Isarwinkel, der schon im Jahr 1497 in einem Vertrag mit dem Bayernherzog Albrecht IV. über den Holzeinschlag als „Iserwinkl" definiert wurde: die Gegend zwischen Wallgau (etwas östlich davon) und Bad Tölz.

Verschiedenste Perspektiven

Herbert Achternbusch, Schriftsteller, Filmemacher und Ur-Bayer im etwas anderen Sinn, würde solch ein idyllisch skizziertes Entree wohl kaum auswählen. Achternbusch bricht mit seinen Filmen bewusst in die „heilen Welten" seiner Heimat ein, provoziert mit kantig-schockierenden Szenen. Statt dem schönen Landleben sieht er eher versteinerte Zustände. So sind eben die Blickwinkel: Idylle und Himmel der einen sind der quälend enge Vorhof zur Hölle für andere.

So sieht Achternbusch im Sport vor allem ein Spielfeld für die Absurditäten des Alltags. Teile seines Films „Der Atlantikschwimmer" spielen im Isarwinkel: Um der Enge ihrer Heimat zu entfliehen (und weil das Kaufhaus Mixwix ein hohes Preisgeld dafür ausgeschrieben hat),

An der Benediktenwand fühlen sich auch Steinböcke wohl.

Ein Tal wurde zum Bergsee: Die Isar füllt den Sylvensteinstausee.

Verlässliche Winde machen den Walchensee zu einem wahren Paradies für Surfer.

Aus Lenggries – hier das Wanderziel Denkalm – stammen viele erfolgreiche Skisportlerinnen wie Martina Ertl, Hilde Gerg, Michaela Gerg-Leitner und Heidi Zacher.

Wasserbau

Special

Über den Durst

Die Münchner verbrauchen mehr als 100 Milliarden Liter bestes Trinkwasser im Jahr. Das entspricht fast der Wassermenge des Sylvensteinstausees.

Insgesamt 124 Milliarden Liter sind es, wenn der fjordartige Speichersee bis an den Rand gefüllt ist. Zwischen 1954 und 1959 an einer natürlichen Engstelle im Isartal gebaut, soll er für einen konstanten Wasserspiegel in der Isar sorgen und als Hochwasserschutz dienen; die Isar hat zu viele Zuflüsse an das Walchenseekraftwerk verloren. Der 44 Meter hohe und 180 Meter breite Damm staut neben der Isar auch die Dürrach und Walchen. Als günstigen Nebeneffekt gewinnen im Damm zwei Wasserkraftwerke Energie. Und im See darf gebadet werden. Die Badestelle – eine Liegewiese in Hanglage mit Kiesufer – liegt rund 200 Meter westlich des Ortes Fall.

wollen zwei lebensmüde Münchner, der Briefträger Heinz und der Bademeister Herbert, den Atlantik durchschwimmen. Dafür trainieren sie zunächst im Walchensee, wo sie auf den angelnden Alois treffen, einen Klopapierfabrikanten, der die beiden erst mal als Mitarbeiter anwirbt. Am Ende ist es dann Heinz, der nach weiteren kuriosen Wendungen der Geschichte tatsächlich hinaus auf den Atlantik schwimmt. Und seine letzten Worte sind ein echter Achternbusch: „Du hast keine Chance, aber nutze sie!"

Die weniger absurde als aktiv-pragmatische Sichtweise des Sports vertritt beispielsweise Annemarie Gerg. Die ehemalige Skirennläuferin und sechsmalige Deutsche Meisterin im Slalom und Riesenslalom bietet Gesundheitsprogramme an und macht Werbung für ihre Heimat. Besonders liegen der gebürtigen Tölzerin die Outdoormöglichkeiten der Umgebung am Herzen – die sie auch begleitet. Das Angebot der staatlich geprüften Skilehrerin reicht von Bergwandern und Nordic-Walking über Trekking- und Mountainbiketouren bis zu Schneeschuhwandern und Skilanglauf im Winter.

Oberbayerische Dresscodes

Eine weitere Ansichtssache ist die Bekleidung. Kleider machen Leute, sagt man. Und wenn das stimmt, sind die im Tölzer Land die besten Leute. Fast alle haben eine aufwendige und teure Festtagstracht im Schrank. Unverheiratete Frauen gehen in farbenprächtigen Dirndln, Verheiratete im Schalk, der meist aus dunkler, kostbarer Seide gefertigten Tracht. Und was eine echte Lederhosn ist, kann man an jeder Ecke sowie in einer der zahlreichen Säcklereien sehen. Die Menschen sind bäuerlich-konservativ, traditionell, meist katholisch. „Viele Leute strahlen Ruhe und Dankbarkeit aus, weil sie hier leben dürfen", weiß Annemarie Gerg. Benno Berghammer, „der Bulle von Tölz", wirkte da in der gleichnamigen TV-Krimiserie ganz anders ...

Filmkulisse Walchensee

Aber die Leute sind auch stolz. Etwa darauf, dass der Walchensee nicht nur Achternbusch als Kulisse diente, sondern auch schon zweimal Drehort für einen Wikinger-Film war. Vor mehr als 40 Jahren drehte dort Kirk Douglas seine „Wikinger", 2009 war es Bully Herbig, der mit dem Wikingerschiff „Hugin" in See stach. Die zahlreichen Surfer mit ihren bunten Segeln im Hintergrund wurden später im Studio herausretuschiert.

Wenn man das nur auch mit den Blechkarawanen machen könnte. 1972, das Jahr der Olympischen Sommerspiele in München, war ein Meilenstein für die

Kultur und Natur: Hinter dem für seine barocke Pracht bekannten Kloster Benediktbeuern ragt die Benediktenwand auf.

In Benediktbeuern wirkten die bedeutendsten Barockkünstler dieser Zeit.

Farbenfroh und ernsthaft andächtig zugleich – die Fronleichnamsprozession in der Jachenau.

Region. Die ersten Autos fuhren auf der gerade in Betrieb genommenen A95. Das Isartal zwischen München und Tölz war von nun an mit dem Isarwinkel verbunden und dieser so für ein breites Urlauberpublikum erschlossen. Auf einmal kannte man Tölz nicht mehr nur vom Eishockey-Club und dem Tölzer Knabenchor. Besucher entdeckten zum Nacktbaden die Kiesbänke der Isar, zum Schwimmen den warmen Kochel- und zum Rudern den kalten Walchensee. Sie erklommen die Benediktenwand, das Brauneck und den Blomberg. Das Leben in der schönen Landschaft im Schatten der berühmteren Regionen drumherum änderte sich – langsam, aber gewaltig. Mit der wohl unvermeidlichen Begleiterscheinung, dass nun an schönen Tagen keine Autostunde südlich von München der Stau beginnt.

Eine herrliche Bergtour

Die Morgensonne strahlt, der Himmel ist bayerisch blau, aber es gibt ein Problem: Was kommt rein in den CD-Wechsler? Für Cabriofahrer eine geradezu existentielle Frage. Ramazotti vielleicht, so nah an Italien? Es wird Pink Floyd: „Wish you were here". Und da ist sie auch schon: groß gewachsen, schlank, mit schnittigen Kurven, von Kopf bis Fuß ein Traum: die Kesselbergstraße, die den Kochel- mit dem Walchensee verbindet. Es geht viereinhalb Kilometer rauf. 23 Kurven, im Schnitt alle 200 Meter eine, Höhenunterschied: 253 Meter. Das Ganze wieder zurück nach unten – herrlich! Es handelt sich um einen dieser typischen Cabrio-Umwege, die Navigationssysteme einfach nicht verstehen können: „Wenn möglich, bitte wenden!" Nee, nee, denkt der Chauffeur. Eines der schönsten Fleckchen im Isarwinkel wird man doch wohl noch doppelt genießen dürfen. Denn alles wirkt wie beim kitschigen Entree: Der Walchensee glitzert im Sonnenlicht, ein paar Kähne dümpeln dahin, und der Herzogstand reckt seinen Grat in die Höh'.

Einzigartig einsam, oft vergessen

Mit gerade mal 871 Einwohnern ist die Jachenau die kleinste Gemeinde mit einer eigenen Verwaltung in Bayern – und mit sieben Bewohnern pro Quadratkilometer die am dünnsten besiedelte des Freistaats. Die dokumentierte Geschichte des oft vergessenen Tals mit einer der anmutigsten Wald- und Wiesenlandschaften der Alpen begann im 12. Jahrhundert, als die Jachenau vom Kloster Benediktbeuern aus besiedelt wurde. Wanderer, Radler, Bergsteiger und im Winter Skilangläufer wissen heute den Talgrund und die umliegende Bergwelt zu schätzen. Mehr als ein Dutzend Gipfelkreuze rahmen das Tal. Der 1532 Meter hohe Staffel mit seiner gleichnamigen Alm, der mit 1514 Metern etwas niedrigere Hirschhörndlkopf mit der Pfundalm und der 1555 Meter aufragende Rabenkopf mit der Kochler-Alm bieten prächtige Ausblicke, die Staffel-Alm sogar noch eine deftige Brotzeit dazu.

Joseph Vilsmaier fand in der Jachenau eine authentische Kulisse für seine Verfilmung der berühmten „Geschichte vom Brandner Kaspar". Er drehte auf der Vorderen und Hinteren Scharnitz-Alm unterhalb der 1801 Meter hohen Benediktenwand mit ihrer rund hundert Tiere umfassenden Steinbockkolonie. Einige Jachenauer dienten sogar als Komparsen neben Franz-Xaver Kroetz und Bully Herbig, den beiden Hauptdarstellern.

Oberbayerische Traumtouren

Bergauf und bergab

Ob zu Fuß oder mit dem Fahrrad, auf dem Motorrad oder in der Postkutsche, in einem Oldtimer, per Boot oder mit der Bergbahn: Es gibt ganz unterschiedliche Wege und Möglichkeiten, Oberbayern zu erfahren. Das hier sind unsere Favoriten: Von gemütlich bis rasant geht es durch Wälder und am Fluss oder an einem See entlang ...

1 Zu Fuß um den Spitzingsee

Es gibt nur eine Zufahrt hier oben auf 1100 Metern Höhe. Und am Ende der Straße (Gefälle 14 Prozent) ruht der kleine, gerade mal 28 Hektar große Spitzingsee, umrahmt nur von Bergen und Wäldern, als sei es das Ende der Welt – oder zumindest von Bayern ... Ein Rundweg führt um diesen See, der im Winter häufig zugefroren ist und im Sommer kaum mal die 20-Grad-Marke knackt. Er ist 2,9 Kilometer lang und damit perfekt für einen wunderbaren Spaziergang. Jogger drehen die Runde auch gerne zwei- oder dreimal. Wer etwas weiter wandern will, nimmt noch den Weg zur Brecherspitze mit: Das sind 11,2 Kilometer und 650 Höhenmeter – dafür darf man dann getrost fünfeinhalb Stunden einkalkulieren. Aber die Brotzeit auf der Terrasse des Alpenhotels schmeckt danach auch umso besser ...

Spitzingsee, erreichbar über die B 307 von Bayrischzell oder Schliersee; www.spitzingsee.de

2 Per Rad zur Isarquelle

Der Isarradweg führt über 299 Kilometer von der Isarquelle in Tirol durch Oberbayern und München bis ins niederbayerische Deggendorf, wo die Isar in die Donau mündet. Die ersten 29 Kilometer mit einer gemütlichen Fahrzeit von knapp drei Stunden sind unsere Empfehlung: In der Kulisse des Karwendel-Bergmassivs entspringen die Isarquellen zwischen Moos und Felsen aus dem Boden. Umgeben von 200 Jahre alten Ahornbäumen fährt man dann weiter durch die Karwendeltäler bis in den Geigenbauort Mittenwald.

Isarradweg, 1. Etappe von der Isarquelle bis Mittenwald; www.isarradweg.de

3 Seentour mit dem Motorrad

Staffel-, Rieg- und Froschhauser See, Kochel- und Walchensee, Barm- und Wagenbrüchsee, der Eibsee und noch so mancher Weiher am Wegesrand: Bei diesem Angebot lohnt es sich immer wieder, die Lederkluft auszuziehen und ins kühle, aber verlockend türkis-grüne (Walchensee) oder eher warme, bernsteinfarbene Nass (Kochelsee) zu springen. Bilderbuchlandschaften mit herrlichem Bergblick sind hier an allen Ufern garantiert, auch einige Gasthöfe finden sich für die Brotzeit zwischendurch. Und als Zusatzbonus liegt zwischen Kochel- und Walchensee auch noch die Kesselbergstraße, eine Lieblingsstrecke für Biker: Auf 250 Höhenmetern sind 23 Kurven zu fahren! Tourenlänge ab und bis Murnau: rund 110 Kilometer; mit Badestopps sollte man für die Tour ruhig einen ganzen Tag einplanen.

Motorradtour ab Murnau über Kochel, Krün, Eibsee, Oberau und zurück.

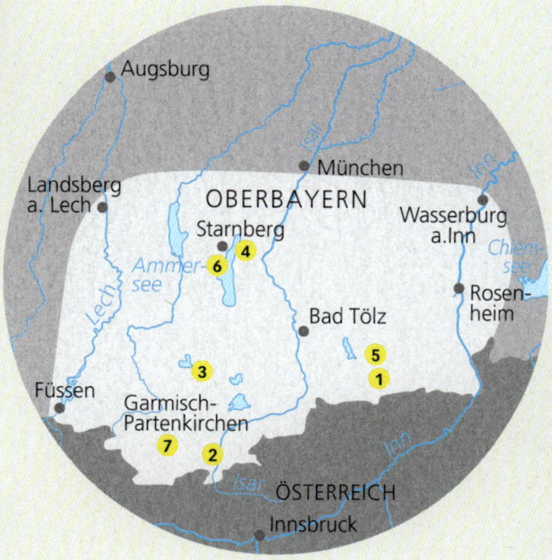

4 Königsrunde auf der Postkutsche

Hoch auf dem gelben Wagen: Auf des Märchenkönig Ludwigs Spuren von Berg am Starnberger See bis Schloss Neuschwanstein und wieder zurück – das hört sich gut an. Aber wenn man diese Königstour in vier Tagen sogar mit einer original Pferde-Postkutsche machen kann, klingt es geradezu unwiderstehlich ... Gefahren wird auf stillen Seitenwegen, gegessen und genächtigt in schönen Gasthöfen. Eine nostalgische Wiederentdeckung der Langsamkeit.

Kutschentour mit Komplettprogramm; www.coaching-in-bavaria.com

5 Deutsche Alpenstraße im Käfer

So ein VW Käfer aus den 1970er-Jahren röhrt zwar beim Fahren wie ein Hirsch (da schauen selbst die Kühe auf, die in der Regel sogar einen Zwölf-Tonner ignorieren, wenn er an ihnen vorbei donnert). Aber das Gefühl, die bunte Knutschkugel zu fahren, macht eben irrsinnig Spaß. Und selbst wenn mal ein Ferrari vor oder hinter einem fährt – die Blicke gehören ganz gewiss dem süßen Oldtimer aus Wolfsburg. Die Käfer-Tour geht in zwei Tagen über ein Teilstück der 450 Kilometer langen Deutschen Alpenstraße, und zwar vom Schliersee über Bad Tölz, Garmisch-Partenkirchen, Oberammergau bis Steingaden zum Weltkulturerbe Wieskirche. Dazwischen liegen Kühe und Kirchlein, Haflinger und Heustadl, Weiden und Wildbäche, Seen und Sonnenplätze sowie gute Hotels und Restaurants, die vorgebucht und inklusive sind.

Käfer-Tour mit Komplettprogramm; www.nostalgic.de

6 Zur Roseninsel auf der Plätte

Die Fahrzeit dauert wenige Minuten, denn die einzige Insel im Starnberger See liegt nur 170 Meter von der Feldafinger Bucht entfernt. Doch in diesen Minuten erzählen die Fährmänner Stefan Seerieder und Bernhard Zillner Anekdoten und Historisches über die Roseninsel und ihre Plätte, ein kielloses kastenförmiges Holzschiff. Ludwig II. liebte die Abgeschiedenheit und lud nur ausgewählte Gäste dorthin ein: Richard Wagner etwa oder seine Großcousine, die österreichische Kaiserin Elisabeth (Sisi).

Plättenfahrt vom Feldafinger Glockensteg zur Roseninsel; www.roseninsel.bayern

7 Per Zahnradbahn auf die Zugspitze

Seit 1930 fährt die Zahnradbahn vom Zugspitzbahnhof Garmisch-Partenkirchen hinauf zum Schneefernerhaus auf dem Zugspitzplatt in 2650 Metern Höhe. Anfangs gleitet die Bahn noch auf Gleisen wie ein normaler Zug. Erst ab Grainau, wenn es extrem steil bergauf und etwas später auch in den Tunnel geht, wird sie von einem Zahnrad angetrieben. Auf 19 Kilometern werden 1880 Meter Höhenunterschied bewältigt. 500 000 Gäste pro Jahr lassen sich dieses Vergnügen nicht entgehen.

Zahnradbahn zur Zugspitze; http://zugspitze.de/de/service/ueberuns/tarife

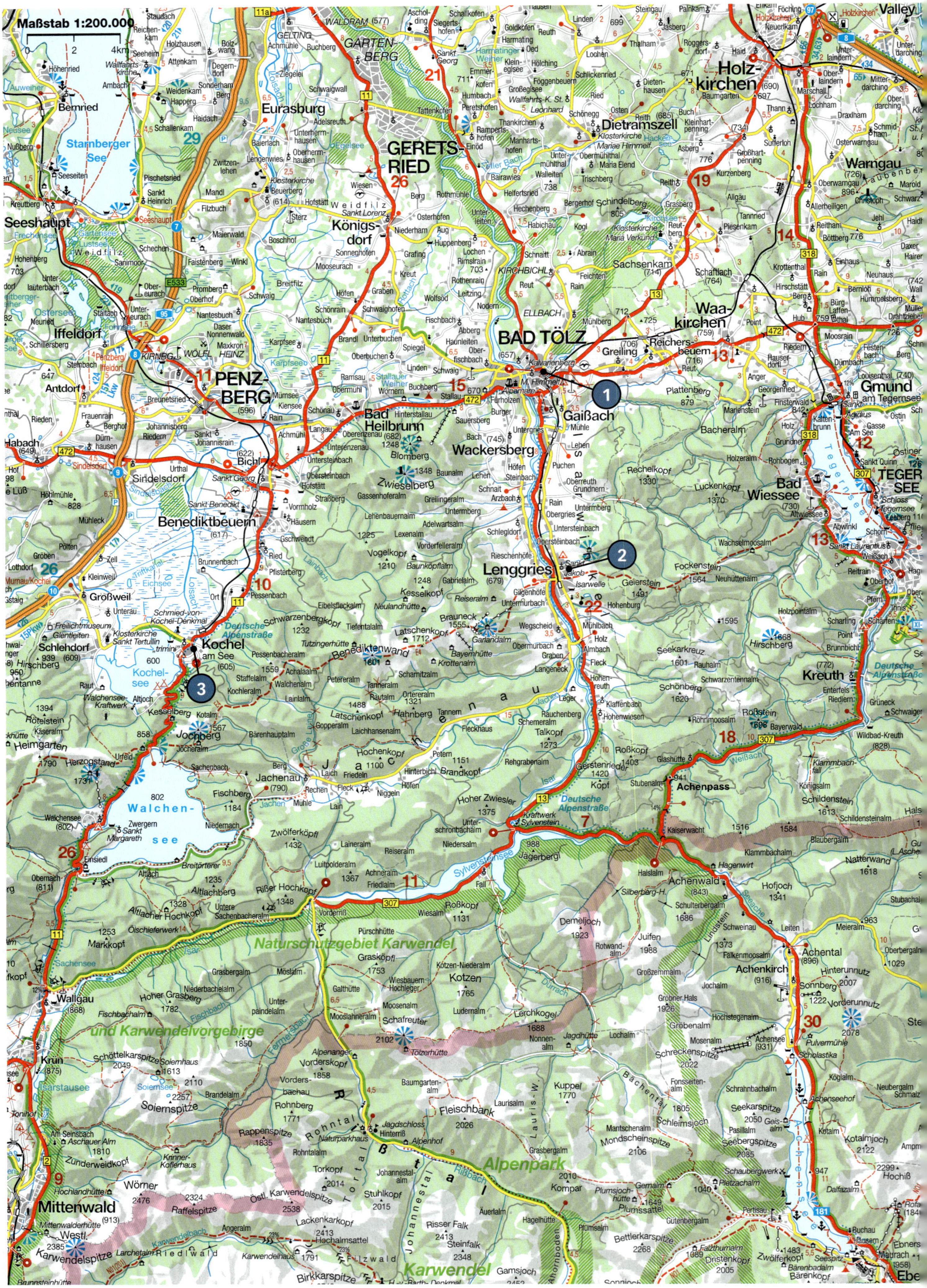

Maßstab 1:200.000
0
2
4km
Starnberger See
Seeshaupt
Bernried
Iffeldorf
Antdorf
Eurasburg
GERETS-RIED
Königs-dorf
Holz-kirchen
Dietramszell
Warngau
Valley
Sachsenkam
Waa-kirchen
BAD TÖLZ
Greiling
Reichers-beuern
Gmund am Tegernsee
PENZ-BERG
Bad Heilbrunn
Wackersberg
Gaißbach
Bichl
Sindelsdorf
Benediktbeuern
Bad Wiessee
TEGERNSEE
Tegernsee
Lenggries
Großweil
Schlehdorf
Kochel am See
Kochelsee
Kreuth
Achenpass
Walchensee
Jachenau
Achenwald
Achenkirch
Achental
Wallgau
Krün
Mittenwald
Naturschutzgebiet Karwendel
und Karwendelvorgebirge
Alpenpark
Karwendel
Sylvensteinsee
Rohntal
Tortal
Deutsche Alpenstraße
Benediktenwand
Jochberg
Herzogstand
Heimgarten
Brauneck
Zwieselberg
Blomberg
Hirschberg
Schinder
Soiernspitze
Westl. Karwendelspitze
1
2
3

An der Isar entlang

Zwischen Bad Tölz und Wallgau zeigen sich zuweilen grandiose Naturlandschaften mit Moor- und Flussregionen, Wiesen und Wäldern bis hin zu Almgebieten und alpinen Gipfeln. Darunter glitzern einige der schönsten Bergseen Deutschlands. Für den kulturellen Höhepunkt sorgt das mächtige Benediktinerkloster von Benediktbeuern.

1 Bad Tölz

Flößer hatten die heutige Kreisstadt (17 700 Ew.; 1155 erwähnt) wohlhabend gemacht. Besonders am rechten Isarufer sieht man noch Zeugen einstiger Blüte. Links des Flusses liegt das Badviertel, nach der Entdeckung der Jodquellen ab 1846 gebaut. Internationaler Städtepartner von Tölz ist übrigens das renommierte Bad Vichy in Frankreich.

SEHENSWERT

Die **Marktstraße** gilt als eine der schönsten Straßen in Oberbayern. Prachtvolle Häuser, Lüftlmalereien und reich verzierte Fassaden, u. a. das Sporerhaus (Nr. 45) und das Pflegerhaus (Nr. 59), prägen das Straßenbild. Ein paar Schritte weiter stößt man auf die **Wallfahrtskirche Maria Hilf** (18. Jh.). Die im Jahr 1718 erbaute **Leonhardikapelle** am Kalvarienberg ist das Ziel der alljährlichen Leonhardifahrt. Das **Bad- und Kurviertel** wurde als Gartenstadt angelegt.

MUSEUM

Der Stadtgeschichte, Flößerei und Leonhardifahrt ist das **Heimatmuseum** im Alten Rathaus aus dem 15. Jh. gewidmet (Marktstraße 48, Tel. 0 80 41/7938011, Di.–So. 10.00–17.00 Uhr).

EINKAUFEN

200 Sorten Käse aus zehn europäischen Ländern stehen im Tölzer Kasladen zur Wahl, alle handwerklich hergestellt (Marktstraße 31, Tel. 0 80 41/ 7 93 84 47, www.toelzer-kasladen.de).

AKTIVITÄTEN

Bergwandern, Nordic-Walking, Trekking- und Mountainbiketouren, Schneeschuhwandern und **Skilanglauf** mit Annemarie Gerg über www.annemarie-gerg.de. **Floßfahrten** auf der Isar oder Loisach organisiert u. a. Josef Seitner ab Wolfratshausen (Lindenweg 1, 82515 Wolfratshausen, Tel. 0 81 71/7 85 18, www.flossfahrt.de). Spiele der Tölzer Löwen – offiziell: des EC Bad Tölz – sind in der **Eishalle** zu sehen, in der man auch selbst Eislaufen kann (Am Sportpark 2, Tel. 0 80 41/7 99 71 40, www.hacker-pschorr-arena.com; Nov.–April Di., Sa. und So. 14.30–16.00 Uhr).

HOTEL UND RESTAURANT

Mittendrin in der guten Stube von Tölz liegt das **€/€€ Hotel Kolberbräu** (Marktstraße 29, 83646 Bad Tölz, Tel. 0 80 41/7 68 80, www.kolberbraeu.de). Bad Tölz hat ein lange Biertradition. Auf dem Reutberg werden zehn Sorten Bier gebraut. Der Biergarten ist ein Traum (siehe „Unsere Favoriten", S. 94/95), die Küche deftig-gut, und der nahe, im Sommer meist sehr warme Kirchsee lädt zum Schwimmen ein: **€/€€ Klosterbrauerei Reutberg** (Am Reutberg 3, Sachsenkam, Tel. 0 80 21/2 58, www.kloster brauerei-reutberg.de).

Das Bad Tölzer Heimatmuseum in der Marktstraße ist schon von außen ein Schmuckstück.

VERANSTALTUNGEN

Der berühmte **Tölzer Knabenchor** hat pro Jahr 240 Auftritte weltweit, gibt aber auch in seiner Heimatstadt einmal im Monat ein Konzert im Kurhaus (Termine bei der Tourist-Information). Kreuth hat die älteste, Tölz die größte deutsche Pferdewallfahrt; den Abschluss dieses **Leonhardiritts** (6. Nov.) bildet der Goaßlschnalzer-Wettkampf in der Marktstraße. Mit Fuhrmannspeitschen werden dabei Knallfolgen unterschiedlichster Art erzeugt. Bekannt ist das **Schnablerrennen** mit alten, großen Hörnerschlitten und Sprüngen bis zu 20 m Weite (2. oder 3. So. im Jan. in Gaißach, südl.).

UMGEBUNG

Der 1250 m hohe **Blomberg** (westl.) ist stets einen Ausflug wert. Die Blombergbahn (Tel. 0 80 41/37 26, www.blombergbahn.de) bringt Wanderer wie Skifahrer nach oben. Und Kunstinteressierte: Auf dem Blomberg lädt Deutschlands höchster Kunstwanderweg mit 26 Skulpturen, Plastiken und Land-Art-Objekten von oberbayerischen Künstlern ein.

Die Marktstraße in Bad Tölz gilt als eine der schönsten Straßen in ganz Oberbayern.

Tipp

Stiller Urlaub

Hinterriß ist eine Enklave. Der einzig dauerhaft besiedelte Ort im Engtal mit 50 Ew. gehört politisch zu Österreich, kann aber mit dem Auto nur von Bayern aus erreicht werden, im Winter manchmal gar nicht. Das Karwendelgebirge lässt eine Straßenerschließung von Tirol aus nicht zu. Das verspricht stillen Urlaub auf 928 m Höhe. Ein Wunder landschaftlicher Art ist der **Große Ahornboden** am Ende des Rißtals. Bergahorne stehen einzeln und in kleinen Gruppen am Talgrund. Dazwischen tummeln sich Rinder, und im Hintergrund türmen sich die Zacken des Karwendelgebirges. Spätsommer ist die schönste Zeit für einen Besuch, dann setzt die Laubfärbung ein, die Natur tupft die Blätter in allen Tönen von gelb bis rot. Manche der Riesen haben 600 Jahre auf dem Buckel und damit ihre natürliche Lebensspanne erreicht. Um das anmutige Landschaftsbild auf Dauer zu erhalten, werden wieder Bergahorne angepflanzt.

INFORMATION

www.karwendel-urlaub.de
Anfahrt über Vorderriss vom Sylvensteinsee oder von Wallgau.

Links oben: Wandern am Brauneck bei Lenggries. Rechts oben: Franz-Marc-Museum in Kochel. Links: Blick vom Kesselberg auf den Kochelsee.

INFORMATION
Tourist-Information,
Max-Höfler-Platz 1, 83646 Bad Tölz,
Tel. 0 80 41/7 86 70,
www.bad-toelz.de

❷ Lenggries

Bekannt ist der Luftkurort (8000 Ew.) für sein breites Wintersportangebot. Der Ortsname leitet sich vom langen Gries ab; den weitläufigen, charakteristischen Kiesbänken an der Isar.

SEHENSWERT
Die **St.-Jakobs-Kirche** (um 1720) beherbergt Standarten und Fahnen der Flößer. Sie ist auch den Patronen der Schiffer gewidmet, den Heiligen Nikolaus und Christopherus.

VERANSTALTUNG
Johanni- oder Sonnwendfeuer werden an einem Sa. um den 24. Juni entfacht. Was urspr. der Abwehr böser Geister diente, leitet heute den Sommer ein. Sonnwendfeiern finden in vielen Gemeinden Oberbayerns statt. Die Feier am Brauneck gehört zu den prächtigsten.

EINKAUFEN
Eine echte bayerische **Lederhosn** lässt sich in der Säcklerei Bammer in Lenggries anfertigen (Johann-Probst-Straße 7, Tel. 0 80 42/27 33, www.lederhosen-bammer.de).

AKTIVITÄTEN
Das **Brauneck** (1555 m), oft nur „Hausberg" genannt, ist Münchens nächstgelegener Wintersportplatz. Nach oben geht's bequem mit der Gondel (Brauneck-Bergbahn, Tel. 0 80 42/ 50 39 40, www.brauneck-bergbahn. de). 17 im Sommer bewirtschaftete Almen sorgen für das Wohl der Wanderer. Doch vor allem die Wintersportarena Brauneck zieht die Leute an. Hier ist die Skiweltmeisterin Martina Ertl groß geworden.

HOTEL UND RESTAURANT
Modern wie das Dorf am Sylvensteinsee gibt sich das **€€ Hotel Jäger von Fall** (Ludwig-Ganghofer-Straße 8, 83661 Lenggries-Fall, Tel. 0 80 45/1 30, www.jaeger-von-fall.de). Ein gemütliches Traditionshaus ist der **€ Gasthof Hotel Post** (Dorf 7, 83676 Jachenau, Tel. 0 80 43/ 3 63, www.post-hotel-jachenau.de). Einzige Alm mit Schaukäserei ist die **€/€€ Stie-Alm**. Zum Käse gibt's Holzofenbrot (Latschenkopf 5, Brauneck, Tel. 0 80 42 / 23 36, www.stie-alm.de).

UMGEBUNG
Rund 10 km südl. liegt der 6,6 km² große **Sylvensteinstausee** (siehe auch das Special auf S. 45). Im Jahr 1954 wurde das Dorf Fall wegen des Dammbaus aufgegeben – dessen Grundmauern sind in Trockenperioden sichtbar – und an höherer Stelle neu errichtet. Die abgeschiedene **Jachenau** wird von der 1801 m hohen Benediktenwand geprägt, die nicht durch eine Seilbahn erschlossen ist.

INFORMATION
Fremdenverkehrsamt, Rathausplatz 2,
83661 Lenggries, Tel. 0 80 42/5 00 88 00,
www.lenggries.de

❸ Kochel am See

Der Luftkurort (4100 Ew.) liegt an der schon seit jeher begangenen Handelsroute über den Kesselberg und ist durch den Aufstand im Verlauf des Spanischen Erbfolgekrieges bekannt, der 1705 in der Sendlinger Mordweihnacht tragisch endete. Einer der „Helden" dieses Widerstands der kleinen Leute gegen österreichisch-kaiserliche Übergriffe war der legendäre „Schmied von Kochel". Sein Denkmal symbolisiert bayerische Freiheitsliebe, der von weiten Moorflächen umgebene Kochelsee die Freizeitliebe der Bayern. Der Ort selbst bietet neben dem Schmied-Denkmal auf dem Dorfplatz vor allem seine Lage am See.

UMGEBUNG
Der knapp 6 km² große **Kochelsee** ist ein im Sommer warmer Badesee, der über die von Cabrio- und Motorradfahrern wegen ihrer Kurven und Ausblicke heiß geliebte Kesselbergstraße mit dem auch sommers kühlen Walchensee verbunden ist. Der **Walchensee** TOPZIEL (16,4 km²) schimmert blaugrün, ist komplett von Bergen umgeben und gilt als einer der schönsten Alpenseen – auch weil sein Ufer auf 20 km Länge frei zugänglich ist. Im **Erlebniskraftwerk Walchensee** rauscht das Wasser durch 6 Rohre 200 m tief zu den 8 Turbinen. Sie liefern pro Jahr etwa 320 Mio. kWh umweltfreundliche Energie, etwa rund ein Viertel des jährlichen Energiebedarfs des Großraums München (Altjoch 21, Tel. 0 88 51/7 70, www.walchensee.net; Mai–Okt. tgl. 9.00–17.00, sonst 10.00–16.00 Uhr, Juni–Okt. jeden Di. um 16.00 Uhr kostenlose Führung).
Vom **Herzogstand**, einem schon von den Wittelsbachern geschätzten Jagdrevier (heute erreichbar mit der Herzogstandbahn, Tel. 0 88 58/ 2 36, www.herzogstandbahn.de), genießt man auf 1731 m Höhe einen wunderbaren Blick auf See und Berge. Sehenswert ist auch das **Schlehdorfer** Kloster am nordwestlichen Ufer des Kochelsees. Bereits im 8. Jh. gegründet, birgt es in

Tipp

Schöne Trachten

Oberbayern und Trachten gehören zusammen wie das Amen und die Kirche. Laptop und Lederhose kamen erst später. In **Benediktbeuern** erfährt man alles zu oberbayerischen Trachten, sieht mehr als 4000 Originale und lässt sich in Trachtbekleidungsfragen beraten.

INFORMATION
Trachten-Informationszentrum,
Michael-Ötschmann-Weg 2,
Benediktbeuern, Tel. 0 88 57/8 88 33,
www.trachten-informationszentrum.de; Do. 9.00–16.00 Uhr

der Stiftskirche aus dem 18. Jh. einen Hochaltar aus schwarzem Marmor. Bedeutender, prunkvoller und größer ist das Kloster von **Benediktbeuern** (10 km nördl.). Um 725 gegründet, bekam das älteste Kloster Oberbayerns durch die Reliquie des hl. Benedikt Wallfahrtsstatus. Ab 1669 entstand die barocke Klosteranlage durch die bedeutendsten Künstler jener Zeit – Georg Asam (Basilka), Johann Michael Fischer und Ignaz Günther (Anastaia-Kapelle). Nach der Säkularisation im Jahr 1803 forschte dort ab 1808 der Optiker und Physiker Joseph von Fraunhofer (1787–1826). Seit 1930 ist Benediktbeuern wieder ein Kloster (www.kloster-benediktbeuern.de).

MUSEEN

Kochel- und Walchensee faszinierten viele Künstler. Das **Franz-Marc-Museum** am Ortsrand Kochels (Franz-Marc-Park 8, Tel. 0 88 51/ 92 48 80, www.franz-marc-museum.de; April bis Okt. Di.–So. und Fei. 10.00–18.00, übrige Monate nur bis 17.00 Uhr) bietet einen bemerkenswerten Querschnitt aus dem Werk dieses bedeutenden expressiv-abstrahierenden Malers: Berühmt wurde Franz Marc (1880–1916), der hier gelebt und gearbeitet hat, auch als Mitbegründer der Künstlervereinigung „Der Blaue Reiter".

VERANSTALTUNGEN

Die **Konzerte** im schönen Barocksaal des Klosters Benediktbeuern sind ein Erlebnis, das Programm ist weit gefächert (Informationen und Termine unter Tel. 0 88 57/8 80 und www.kloster-benediktbeuern.de).

AKTIVITÄTEN

Auf dem Kochel- wie auf dem Walchensee sollte man sich ein **Ruder- oder Tretboot** ausleihen. Am besten Brotzeit, Getränke und Sonnencreme mitnehmen, die Tagesmieten sind durchaus erschwinglich – u. a. bei Kneidl an der Seepromenade in Kochel (Tel. 0 88 51/ 4 16) oder bei Edinger an der Seestraße in Walchensee (Tel. 0 88 58/4 22).

HOTEL UND RESTAURANT

Seit gut 100 Jahren logiert man im **€/€€ Seehotel Grauer Bär** direkt am See (Mittenwalder Straße 82, 82431 Kochel am See, Tel. 0 88 51/ 9 25 00, www.grauer-baer.de; siehe auch „Unsere Favoriten", S. 94/95). Ein eigenes Boot im Bootshaus, Seezugang und vier Zimmer bietet das **€/€€ Gästehaus Gistl** (Seestraße 13, 82432 Walchensee, Tel. 0 88 58/2 79). Sehr günstig wohnt es sich in der **€ Jugendherberge im Kloster Benediktbeuern** (Don-Bosco-Straße 3, 83671 Benediktbeuern, Tel. 0 88 57/ 8 83 50, www.kloster-benediktbeuern.de). Wurst und Fleisch kommen im **€/€€ Gasthof Herzogstand** aus der eigenen Metzgerei (Dorfstraße 7, Benediktbeuern, Tel. 0 88 57/3 26, www.gasthof-herzogstand-benediktbeuern.de).

INFORMATION

Tourist-Information, Bahnhofstraße 23, 82431 Kochel am See, Tel. 0 88 51/338, www.kochel.de

Genießen Erleben Erfahren

DuMont Aktiv

Wenn die Düse bläst

Surfen und Kiten auf dem Walchensee bedeutet, Bayerns windsichersten See für seinen Sport zu nutzen, eingerahmt von der grandiosen Bergkulisse aus Jochberg, Herzogstand und Karwendelgebirge. Also rauf aufs Brett! Bei Sonne, Wind – und Nebel! Denn manche finden Nebelsurfen einfach unwiderstehlich ...

Motor- und sogar Elektroschiffe sind verboten auf Deutschlands tiefstem, klarsten und schönstem Bergsee. Schwimmer sieht man selten, die Ruder- und Tretboote dümpeln meist in Ufernähe. Nicht nur deshalb ist der Walchensee unter den Süßwasser-Surfspots die Nummer eins in Deutschland. Das gilt nicht unbedingt für die Windstärke, aber für Windsicherheit und die Kulisse.

Die thermischen Winde entstehen überwiegend im Sommer, wenn es nachts noch kühl ist und tagsüber ungetrübt die Sonne scheint. Die Flanken von Jochberg und Herzogstand erwärmen sich und ziehen kühle Talluft nach oben. Dann bläst die Düse – ein Effekt, der auf die eng nebeneinander stehenden Berge zurückzuführen ist. Selbst wenn man am Ufer Windstille hat, sieht man die Düse mit einem breiten Band über den dort aufgerauten See pfeifen. „Big days" sind die Föhntage, im Herbst nimmt der Wind auch mal den über dem See liegenden Nebel aus dem Tal mit. Das ist dann genau die richtige Zeit für das Nebelsurfen.

Weitere Informationen

Brettverleih und Surfschule: Windsurfcenter, Seestraße 10, 82432 Walchensee, Tel. 0 88 58/ 2 61, www.windinfo.eu; Kurse April–Okt., Anmeldungen nur vor Ort möglich. Windvorhersagen und Webcams auf www.windinfo.eu und www. windfinder.com.
Weitere Informationen auf www.walchensee.de und www.walchensee-info.de.

Kunst liegt in der Luft

Rund um Murnau wirken die Seen und Moore, die Wälder und Wiesen, ja sogar die Alpenkette im Süden wie modelliert und mit weichem Blau getönt. Nur acht Gemeinden bilden das Blaue Land, doch wegen seiner Künstler ist es weithin bekannt. Bereits hinter den ersten höheren Bergen liegen touristische Größen: Oberammergau, Ettal und Schloss Linderhof.

Der barocke Prachtbau der Klosterkirche Ettal ist das Zentrum eines der bedeutendsten Klöster des Alpenraums.

Weit geht der Blick von Murnau über das Murnauer Moos hinweg gen Süden bis zur Alp- und Zugspitze.

Paddelnd voran: In Kanu-Entfernung von Murnau liegt die private Insel Wörth im Staffelsee.

Stimmungsvoll zeigt sich hier der abendliche Obermarkt: Inmitten der malerischen Voralpen gelegen, markiert Murnau das Herz des Blauen Lands.

„Je tiefer das Blau wird, desto tiefer ruft es den Menschen in das Unendliche, weckt in ihm die Sehnsucht nach Reinem und schließlich Übersinnlichem."

Wassily Kandinsky (1866–1944)

Es war kein Weißbier zu viel, auch keine Halluzination. Und doch traute Michael Rapp seinen Augen nicht. Auf dem Riegsee hatte sich ein 100 mal 30 Meter großes Stück Festland eigenständig gemacht! Es brach aber nicht in sich zusammen, sondern schipperte friedlich als Insel über den See – samt seiner Bäume und Sträucher! „Wenn man das sieht, wird einem ganz anders", sagte der ehemalige Murnauer Bürgermeister, der schließlich erfuhr, dass es sich um einen riesigen Süßwasserschwamm handelte und damit um einen einzigartigen Fund in Europa, denn nur im Baikalsee existieren weltweit noch andere Süßwasserschwämme.

Einzigartig ist der Staffelsee auch in Sachen Kunstgeschichte. Denn für ihn und seine umliegenden Moore interessierte sich einst die Künstlerkolonie des Blauen Reiters mit Malern wie Wassily Kandinsky und Franz Marc. Dort wurden für den deutschen Expressionismus wesentliche Weichen gestellt. An seine Ufer kamen Anfang des 20. Jahrhunderts aber nicht nur Maler, sondern auch Komponisten und Schriftsteller. Die Atmosphäre, die Kandinsky, Marc und Co. in ihren Bann zog, öffnete auch Literaten neue Sichtweisen. „Kasimir und Karoline" wurde an den Gestaden des Staffelsees geboren. Ihr Schöpfer, Ödön von Horváth, lebte zwischen 1923 und 1933 in Murnau, ehe er ins Exil musste. Der Dramatiker zählt zu den wichtigen Repräsentanten des literarischen Expressionismus. Seine Theaterstücke und Romane sind inspiriert vom Blauen Land. Unter anderem entstanden dort „Zur schönen Aussicht", „Glaube Liebe Hoffnung" und eben „Kasimir und Karoline".

Künstlermagnet bis heute

Unverändert lockt das Murnauer Moos, mit einer Fläche von mehr als 30 Quadratkilometern das größte zusammenhängende Moor Bayerns, Künstler an. Kunst und Natur gehen dort scheinbar automatisch eine Symbiose ein. Rita de Muynck symbolisiert das in schöner Weise. Ihre „Zwei Riesen" sind Gabriele Münter und Wassily Kandinsky gewidmet. „Ich arbeite in der expressiven Tradition mitten auf dem Land, wo Kandinsky und seine Schülerinnen ihren ersten Land-Malaufenthalt abhielten", sagt die gebürtige Flämin. „Es ist wahr, was Kandinsky meinte, das Licht hier sei für die Malerei sehr förderlich. Denn es bildet starke, farbige Schlagschatten und ist auch an trüben Tagen intensiv. Die expressive Malerei musste hier geradezu entstehen."

Ein folgenreicher Sturz

Die malerischen Winkel und Gässchen im alten Kern sowie das von Emanuel von

Oben: Das Freilichtmuseum Glentleiten zeigt und bewahrt die ländliche Alltagskultur.
Unten: Nur alle sieben Jahre (wieder: 2020) findet der Murnauer Schäfflertanz statt.

Maibaumaufstellen ist ein Kraftakt, bei dem traditionell auf maschinelle Unterstützung verzichtet wird.

Festumzug in Murnau: Brauchtum und Tradition werden hier gern gepflegt.

Maibaumbrauch — Special

Schwalben und Girlanden

Das Aufstellen von Maibäumen ist eine der ältesten Traditionen in Oberbayern.
In Riegsee etwa beteiligt sich das halbe Dorf daran: 65 Männer mit Schwaibln (hochdeutsch: „Schwalben" – langen Stangenpaaren zum manuellen Hochstemmen des Maibaums) und 25 Frauen zum Girlanden binden. Am wichtigsten ist der Holzknecht: Sepp Wörner leitet das Aufstellen des 36 Meter langen, 48 Jahre alten Stamms, und er sagt: „Bei 45 Grad ist der schwierigste Punkt. Nur da ist's a bisserl g'fährlich ..."

Alle drei Jahre will der Technische Überwachungsverein (TÜV) die Maibäume kontrollieren. Aber die meisten werden schon vor der teuren Prüfung gefällt. Den Stumpf lässt man ein Jahr stehen – bis ein neuer Maibaum aufgestellt wird.

Seidl im Sinne des Historismus gestaltete denkmalgeschützte Häuserensemble des Ober- und Untermarktes waren gute Motive für Maler wie Wassily Kandinsky und seine Schülerin Gabriele Münter. Kennengelernt haben sich die beiden allerdings im Moos, im regnerischen Sommer des Jahres 1902. In der Frühe hingen Nebelfetzen über den Seen, Tau tropfte von den Bäumen. Mit dem Fahrrad ging es raus aus dem Atelier und hinaus aufs Land, Natur aufsaugen. Dabei muss der Herr Lehrer wohl zum Spaß nach der Lenkstange seiner Schülerin gegriffen haben. Beide kamen zu Fall – und sich körperlich näher. Gabriele Münter und wurde Kandinskys Geliebte. Ihren künstlerischen Durchbruch erlebte sie 1911 in einer Ausstellung mit Kandinsky und Franz Marc.

Gabriele Münter entwickelte sich zu einer der bedeutendsten expressionistischen Malerinnen neben Paula Modersohn-Becker, konnte sich aber in den Augen der Öffentlichkeit nur schwer aus dem Schatten ihres Lehrers lösen: „Ich war in vieler Augen doch nur eine unnötige Beigabe zu Kandinsky", meinte sie im Jahr 1926. „Dass eine Frau ein ursprüngliches, echtes Talent haben und ein schöpferischer Mensch sein kann, das wird gern vergessen." Oder unterdrückt: Unter den Nazis hatte sie Ausstellungsverbot. Erst 1949 konnte sich die damals 72-Jährige

Besonders eindrucksvoll sind die Zeugnisse der alten Handwerkskunst Lüftlmalerei in Oberammergau.

Malerisch in ein kleines Tal gebettet: Schloss Linderhof inmitten seiner ausgedehnten Parkanlage samt (nur durch den Druck des Gefälles bis zu 22 Meter hoch aufsteigender) Wasserfontäne.

Auch für seine kunstvollen Holzschnitzereien ist Oberammergau – Ort der weltberühmten Passionsspiele – bekannt.

Linderhof – hier mit der Südfassade im Fokus – gehört zu den Pflichtzielen vieler außereuropäischer Reisegruppen und beeindruckt die meisten Besucher außerordentlich.

mit der Gedächtnisausstellung „Der Blaue Reiter in München“ erstmals wieder der Öffentlichkeit präsentieren.

Kunst und Kommerz

Murnau war einst das künstlerische Zentrum der Gegend. Mit seinem südlichen Flair, der Fußgängerzone, den Straßencafés und Wirtshäusern samt frisch gebrautem lokalen Kargbräu ist es heute auch das touristische Zentrum des Blauen Landes. Sieben weitere Orte, alle im Einzugsbereich von Staffel- und Riegsee gelegen, ergänzen die Region, in deren südlicher Nachbarschaft zwei Highlights liegen, die kaum ein Reisender aus den USA auf seiner Deutschland-Tournee auslässt.

Der König in der Venusgrotte

Also auf zu einem Abstecher nach Klein-Amerika: Das liegt gleich hinter Kloster Ettal. Sein richtiger Name lautet Oberammergau. Häuser mit Lüftlmalerei, hingestreut vor eine zackengekrönte Bergwand, Mädchen im Dirndl, Buben in Lederhosen und überall Amerikaner, auch ohne Passionsfestspiele: „Oh, look!“, tönt eine Texanerin. Essen da doch ein paar Männer mit Gamsbarthüten dicke weiße Würste. Dazu trinken sie Bier aus riesigen Maßkrügen – und das am frühen Morgen. Es ist eben alles ein bisschen anders als zu Hause. Gleiches gilt ein paar Kilometer weiter, hinten im Graswangtal, wo der scheinbar verrückte König der Bayern eines seiner Märchenschlösser erbauen ließ: Linderhof ist das einzige der Ludwig-II.-Domizile, das der Monarch fertiggestellt erlebte. „Oh, look!“, schreit diesmal eine Kalifornierin. „This man must have been crazy!“

Ja, kann sein. Außen Rokoko, innen ein Rausch aus Gold und Samt, Kristall und Porzellan, Lapislazuli und Malachit – und dazu im Park eine Venusgrotte. Dort ließ sich Ludwig im vergoldeten Kahn über den unterirdischen See rudern. Auch in diesem Fall – hätte man die Szenen denn erleben dürfen – wäre es kein Weißbier zuviel gewesen, auch keine Halluzination, sondern schlicht und einfach nur der blanke Wahnsinn ...

DER BLAUE REITER

Die Grenzen sprengen

Die Künstlervereinigung „Der Blaue Reiter" wurde 1911 von Wassily Kandinsky und Franz Marc gegründet. Ihr Ziel war die Befreiung von der erstarrten Tradition akademischer Malerei. Die Landschaft inspirierte sie. Und so machten ihre Wohnorte Murnau und Sindelsdorf das Blaue Land zum Geburtsort und bis heute zu einem Zentrum expressionistischer Kunst.

Im Murnauer Münter-Haus ist auch dieses Selbstbildnis der Künstlerin zu sehen.

Der Begriff „Der Blaue Reiter" ist ungewöhnlich, die Erklärung simpel: „Den Namen ... erfanden wir am Kaffeetisch in der Gartenlaube in Sindelsdorf." Beide hätten sie Blau geliebt, schreibt Kandinsky, sowie Marc Pferde und er Reiter. Wichtiger als die Namensgebung war jedoch das Programm, eine Abkehr von der erstarrten, autoritären wilhelminischen Gesellschaft. Wassily Kandinsky und Franz Marc wollten deren Grenzen des künstlerischen Ausdrucksvermögens sprengen, neue Farbwelten entdecken und bis in metaphysische Dimensionen vordringen. Verbindendes Element war die expressionistische Konzeption im Kopf jedes Einzelnen: als Abbildung irrealer, fantastischer Welten, von Träumen und Sphären des Unbewussten.

Franz Marc glaubte, jeder Mensch habe eine innere und eine äußere Erlebniswirklichkeit, die durch die Kunst zusammengeführt werden könne. Paul Klee beschrieb: „Die Kunst gibt nicht das Sichtbare wieder, sondern macht sichtbar." Zu den wichtigen Mitgliedern der Künstlergruppe gehörten neben Kandinsky, Marc und Klee auch August Macke, Alfred Kubin und Gabriele Münter.

Der erste Almanach des Blauen Reiters mit 141 Reproduktionen, 19 Artikeln und drei Musikbeilagen erschien nach der ersten Gruppenausstellung im Jahr 1911. Fast alle Vorarbeiten für das die Ausdrucksvielfalt der verschiedenen Künstler spiegelnde Werk fanden in Murnau statt, dem Wohnsitz Kandinskys und Münters, oder in Sindelsdorf, wo Franz Marc lebte. Vor allem das Müntersche Haus, von den Einheimischen seinerzeit „Russenhaus" genannt, war ein beliebter Treffpunkt. Gabriele Münter hatte es im Jahr 1909 gekauft, nachdem sie in den Jahren zuvor mit Kandinsky lange Reisen – nach Tunis, an die Riviera, nach Paris – unternommen hatte.

Erfolg, Krieg, Trennung

Übersetzungen in fast alle Weltsprachen begründeten den Ruf und machten die Maler im Umfeld des Blauen Reiters zu wichtigen Wegbereitern moderner Kunst im 20. Jahrhundert. Doch die gemeinsame Schaffenzeit war begrenzt. Als im Jahr 1914 der Erste Weltkrieg ausbrach, floh Kandinsky zunächst mit Gabriele Münter in die Schweiz, später allein weiter nach Russland. Marc und Macke starben im Krieg. Der geplante zweite Almanach konnte nicht mehr erscheinen.

Oben: „Eselfries" von Franz Marc im Marc-Museum in Kochel am See.

Links: Im Münter-Haus in Murnau trafen sich die Künstler.

Eine schützende Hand

Nach der Trennung bemächtigte sich Gabriele Münter vieler Werke ihres früheren Geliebten und konnte sie so vor den Nazi-Schergen sichern. 1957, zu ihrem 80. Geburtstag, schenkte sie rund 400 Kandinskys der Stadt München, die sie in der Städtischen Galerie im Lenbachhaus ausstellt. Das Münter-Haus wurde auf Wunsch der Künstlerin zu einer Stätte der Erinnerung an den Blauen Reiter und nach alten Plänen, Skizzen und Fotografien renoviert. Unter anderem sind das Wohnzimmer, einst Treffpunkt der Künstler, das Atelier und Räumlichkeiten im Obergeschoss, in denen der Almanach entstand, in weitgehend ursprünglichem Zustand zu sehen.

Fakten & Informationen

Im **Schlossmuseum** ist die weltweit größte Werkschau von Münter-Bildern zu sehen (Schlosshof 2, Murnau, Tel. 0 88 41/4 76 2 07, www. schlossmuseum-murnau.de; Di.–So. 10.00–17.00 Uhr).

Das **Münter-Haus** in Murnau ist Museum mit Werken der Künstler Münter und Kandinsky und Erinnerungsstätte zugleich, die einen Einblick in die Lebens- und Arbeitsweisen der beiden gibt (Kottmüllerallee 6, Murnau, Tel. 0 88 41/ 62 88 80, www.muenter-stiftung.de, Di.–So. 14.00–17.00 Uhr).

Das **Franz-Marc-Museum** zeigt einen Querschnitt aus dem Werk dieses „Blauer-Reiter"-Mitglieds (Franz-Marc-Park 8, Kochel am See, Tel. 0 88 51/92 48 80, www.franz-marc-museum.de; April–Okt. Di.–So. und Fei. 10.00–18.00, sonst Di.–So. und Fei. 10.00–17.00 Uhr).

Maßstab 1:200.000
WEILHEIM in Oberbayern
Peiting
Hohenpeißenberg
Peißenberg
Polling
Huglfing
Seeshaupt
Starnberger See
Iffeldorf
Antdorf
Penzberg
Obersöchering
Habach
Sindelsdorf
Benediktbeuern
Uffing am Staffelsee
Spatzenhausen
Riegsee
Seehausen am Staffelsee
Murnau am Staffelsee
Großweil
Kochel am See
Kochelsee
Schlehdorf
Ohlstadt
Eschenlohe
Bad Kohlgrub
Saulgrub
Bad Bayersoien
Wildsteig
Rottenbuch
Böbing
Unterammergau
Oberammergau
Ettal
Oberau
Farchant
Walchensee
Wallgau
Krün
Garmisch-Partenkirchen
Grainau
Mittenwald
Scharnitz
Leutasch
Ehrwald
Biberwier
Zugspitze
Alpspitze
Ammergauer Alpen
Ammergebirge
Naturschutzgebiet
Naturschutzgebiet Karwendel und Karwendelvorgebirge
Wettersteingebirge
Werdenfelser Land
Estergebirge
Murnauer Moos
Deutsche Alpenstraße
Romantische Straße
Karwendeltal
1
2
3

Im richtigen Licht

Je nach Tages- und Jahreszeit zeigen sich Himmel und Erde, Berge und Moor sowie die zehn Seen in den verschiedensten Lichtstimmungen: von klar bis wie mit einem blauen Schleier versehen. Mitten drin liegen Murnau nebst ein paar Dörfern, in denen moderne Kunstgeschichte geschrieben wurde. Schloss Linderhof, Oberammergau und Ettal bieten ein königlich-bayerisch-klerikales Kontrastprogramm.

1 Murnau am Staffelsee

Mit rund 12 000 Ew. und 1500 Gästebetten ist der Luftkurort das Zentrum des Blauen Landes. Natur und Kunst, Kultur und Geselligkeit – das Städtchen und seine Umgebung haben etwas zu bieten. Bis zu dessen Säkularisation gehörte Murnau zum Einflussbereich des Klosters Ettal. Seit Jahrzehnten ist es Garnisonsstandort.

SEHENSWERT

Am schönsten ist Murnau am lang gestreckten **Obermarkt** mit einer Mariensäule und vielen Cafés. Etwas abseits steht die barocke **Pfarrkirche St. Nikolaus** (um 1730). Das oft umgebaute **Schloss** geht auf einen Burgbau des 13. Jh. zurück. Das Ähndl, wie die **St.-Georg-Kirche** (Urspr. 8. Jh.) am Ende der Ramsachstraße genannt wird, ist einen Spaziergang wert, war es doch ein Motiv des „Blauen Reiters".

MUSEEN

Das **Schlossmuseum** präsentiert neben der weltweit größten Werkschau von Münter-Bildern vor allem Exponate zum Blauen Reiter und zu Ödön von Horváth (Schlosshof, Tel. 0 88 41/ 47 62 07, www.schloss museum-murnau.de; Di.–So. 10.00–17.00 Uhr). Das **Münter-Haus**, 1909–1914 von Gabriele Münter (1877–1962) und Wassily Kandinsky (1866–1944) bewohnt, ist ein Museum mit Werken der Künstler und gleichzeitig eine Erinnerungsstätte, die einen Einblick in die Lebens- und Arbeitsweise der beiden gibt. Zugleich hat man dort einen der schönsten Ausblicke von Murnau auf Berge und Moos (Kottmüllerallee 6, Tel. 0 88 41/ 62 88 80, www.muenter-stiftung.de; Di.–So. 14.00–17.00 Uhr).

Morgens gleitet das Boot wie schwerelos über den ganz still daliegenden Staffelsee, abends färbt der Sonnenuntergang das Wasser golden. Und der Kirchturm von St. Agatha in Uffing erhebt sich über einem gesegneten Land.

Tipp

Wasserwallfahrt

Die Seehauser Fronleichnamsprozession beginnt am 2. Do. nach Pfingsten mit einem Gottesdienst um 8.00 Uhr. Danach geht es in bester Tracht zur Anlegestelle am Staffelsee. Die Fähre mit Priester, Chor und Musikanten sowie zahllose Kähne wallfahren dann via Jakobsinsel zur Kapelle auf der Insel Wörth. Zurück in Seehausen, werden alle Prozessionsteilnehmer gesegnet – auch die Gäste, von denen viele nur zur Wasserwallfahrt kommen.

INFORMATION

Verkehrsamt Seehausen am Staffelsee, Am Graswegerer 1, 82418 Seehausen am Staffelsee, Tel. 0 88 41/6 16 90, www.see hausen-am-staffelsee.de

AKTIVITÄTEN

Viele Besucher kommen wegen des 7,7 km² großen **Staffelsees** TOPZIEL. Er ist der wärmste See Oberbayerns und ideal zum Baden, da er nicht von kalten Bergzuflüssen, sondern von warmen Moorbächen gespeist wird. Es gibt Badestrände, Bootsverleih, und die „MS Seehausen" bietet Rundfahrten an (Tel. 0 88 41/ 62 88 33, www.staffelseeschifffahrt.de). Geführte **Schlauchboottouren** auf der Loisach gibt es ab Murnau bei Bavariaraft (Enzianstr. 1, 82441 Ohlstadt, Tel. 0 88 41/ 6 76 98 70, www. bavariaraft.de). **Radfahren** bietet sich an, denn die Mitnahme des Rads im Zug ist vom Großraum Murnau bis nach Oberammergau kostenfrei (Fahrradverleih u. a. Kultur-Velo, Unterer Birnberg 8, Riegsee, Tel. 0 88 41/62 99 71, www.kultur-velo.de; Radl-Stadl, Petersgasse 3, Murnau, Tel. 08 8 41/4 02 22, www.2rad-pantele. de. **Wandern** im Murnauer Moos, dem größten Moor im deutschen Alpenraum ist ein faszinierendes Erlebenis; ein 12 km langer Moosrundweg ist ausgeschildert. Gute Windverhältnisse machen den Riegsee zu einem beliebten **Surfrevier.** Einen Brettverleih gibt es in der Schule Neuegling, Tel. 0 88 21/23 09.

VERANSTALTUNGEN

Herausragend sind das **Fischerstechen** in Seehausen an Maria Himmelfahrt (15. Aug.) und der **Schäfflertanz** in Murnau (www.

Oben: Für das Freilichtmuseum Glentleiten wurden über 60 original erhaltene Gebäude samt ihrer Einrichtung versetzt, um sie hier in einer nach historischen Vorbildern gepflegten Kulturlandschaft wieder aufzubauen. Rechts: barocke Pracht in der Klosterkirche Ettal.

schaeffler-murnau.de; wieder 2020). In Froschhausen findet am 6. Nov. ein **Leonhardi-Umzug** zur St.-Leonhard-Kirche am See statt.

HOTEL UND RESTAURANT

Von der **€ Pension „Hof Willibald"** hat man einen direkten Riegsee-Zugang. Zudem steht ein Ruder- und Tretboot kostenfrei zur Verfügung (Riegseer Straße 15, 82418 Froschhausen, Tel. 0 88 41/39 67, www.hof-willibald.de). Im **€€€ Art-Hotel Am Eichholz** wohnt man sehr angenehm in einem der vier Zimmer bei der Künstlerin Gina Feder (Am Eichholz 21, 82418 Murnau, Tel. 0 88 41/58 63, www.ameichholz.de). Der **€€€/€€€€ Alpenhof Murnau** bietet Fünf-Sterne-Wohlfühlen, ob in den schönen Zimmern, im großzügigen Wellness-Bereich mit vier Saunen und Dampfbädern, auf einer der schönsten Terrassen im Alpenvorland oder im **€€/€€€ Restaurant Murnauer Reiter**: Wer moderne bayerische Küche auf hohem Niveau probieren möchte, ist bei Küchenchef Claus Gromotka genau richtig (Ramsachstraße 8, 82418 Murnau, Tel. 0 88 41/49 10, www.alpenhof-murnau.com).

UMGEBUNG

Seehausen mit seinem traditionellen Ortsbild samt Lüftlmalereien und **Uffing** mit seinen zwei Strandbädern sind – ob mit dem Schiff, Auto oder Fahrrad – einen Aufenthalt wert. Von Seehausen lässt sich der Archäologiepark auf der Insel Wörth mit Ausgrabungen eines frühmittelalterlichen Klosters besuchen (nach Abspr. mit der Staffelseeschifffahrt). **Eglfing** ist ein uriges Dorf mit Gehöften nebst Zwiebelturmkirchlein und liegt wie **Spatzenhausen** zwischen Staffel- und Riegsee. **Grafenaschau** befindet sich direkt am Naturschutzgebiet Murnauer Moos, unterhalb des Hörnle mit 1548 m: ein Idyll ohne Lärm und Stress. Der östl. benachbarte **Riegsee** ist ungefähr halb so groß wie der Staffelsee und noch urtümlicher. Ein paar Privatvermieter bieten einen eigenen Seezugang. See und Ufer sind Landschaftsschutzgebiet, was sicherstellt, dass der Riegsee in seiner Natürlichkeit erhalten bleibt. Baden ist trotzdem erlaubt. Südlich davon liegt der noch kleinere **Froschhauser See,** dessen Ufer eingewachsen sind. Baden ist am Badeplatz an der Riegseer Straße erlaubt, Boote und Schwimmgeräte sind jedoch verboten. **Sindelsdorf** (25 km nordöstl.) war in den Jahren 1909 bis 1914 Wohnort von Franz Marc (1880 bis 1916); er hat das Dorf bekannt gemacht. Marcs französischer Malerfreund Robert Delaunay zählte Sindelsdorf gar zu den Zentren der modernen Malkunst. Marcs Gartenlaube (Franz-Marc-Straße 1) kann besucht werden. Dort entstand im Jahr 1911 das berühmte „Blaue Pferd" . Nach **Großweil** (10 km östl.) fährt man vor allem wegen des **Freilichtmuseums Glentleiten TOPZIEL.** Es bietet ein umfassendes Bild der bäuerlich geprägten Vergangenheit Oberbayerns (An der Glentleiten 4, Tel. 0 88 51/18 50, www.glentleiten.de; Mitte März–Mitte Nov. Di.–So. 9.00–17.00/ 18.00 Uhr, kurzer Rundgang etwa 2 ½ Std.).

INFORMATION

Tourist-Information, Kohlgruber Straße 1, 82418 Murnau, Tel. 0 88 41/6 14 10, www.murnau.de, www.dasblaueland.de, www.riegsee.de

❷ Oberammergau

Alle zehn Jahre wieder und das seit dem Jahr 1634: Die Geschichte der Oberammergauer **Passionsspiele TOPZIEL** ist untrennbar mit der Zeit des Dreißigjährigen Kriegs verbunden, als viele Menschen durch die Pest starben. Seinerzeit gelobten die Bürger, alle zehn Jahre Passionsspiele aufzuführen, damit das Leid ein Ende nähme. Bereits im Vorjahr solcher Aufführungen lassen sich alle Mitwirkenden Haare und Bärte wachsen. Die nächsten Passionsspiele finden im Jahr 2020 statt. Aus dem noch älteren bäuerlichen Nebenerwerb der Schnitzkunst entstand ein hoch entwickeltes Handwerk mit einem europaweiten Vertriebsnetz. Bis heute entstehen in Oberammergau weit mehr als nur Kruzifixe.

SEHENSWERT

Auch außerhalb der Passionsspieljahre lässt sich das **Festspielhaus** erkunden. Die Rundbogen-Freilichtbühne wurde 1999 umfangreich renoviert und bietet seitdem 4720 überdachte Sitzplätze (tgl. mehrere Führungen). Die zahlreichen **Hausfassaden mit Lüftmalerei** lassen Oberammergaus Zentrum zuweilen wie ein Freilichtmuseum wirken. Franz Seraph Zwinck, 1748 in Oberammergau geboren, gilt als Gründer dieser zum Teil illusionistischen Fassadenmalerei. Zwinck wohnte im „Haus Zum Lüftl" – der Begriff „Lüftlmalerei" könnte hier seinen Ursprung haben. Die barocke **Pfarrkirche St. Peter und Paul** (um 1740) gilt als herausragendes Werk des Baumeisters Josef Schmuzer.

MUSEUM

Das **Pilatushaus** ist eines der schönsten mit Lüftlmalereien geschmückten Häuser Oberbayerns und gleichzeitig eine offene Werkstatt für Kunst und Kunsthandwerk. Der Verurteilung Jesu durch Pilatus, ein Werk Zwincks von 1784, gab dem Haus den Namen. In der „Lebenden Werkstatt" kann man Kunsthandwerkern über die Schulter schauen und mit den Schnitzern oder Töpfern sprechen (Ludwig-Thoma-Straße 10, Tel. 0 88 22/94 95 11; Mitte Mai–Mitte Okt. Di.–Sa. 13.00–18.00 Uhr). Im Handwerkerladen wird alles Angefertigte auch verkauft.

HOTEL UND RESTAURANT

Übernachten bei Passionsschauspielern? In der **€€ Alten Post** geht das (Dorfstraße 19, 82487 Oberammergau, Tel. 0 88 22/91 00, www.altepost.com). Im **€€/€€€ Feldmeier** kocht der Feldmeier selbst und bayerisch fein dazu (Ettaler Straße 29, Oberammergau Tel. 0 88 22/30 11, www.hotel-feldmeier.de).

INFORMATION

Tourist-Information, Eugen-Papst-Straße 9a, 82487 Oberammergau, Tel. 0 88 22/92 27 40, www.ammergauer-alpen.de

❸ Ettal

Der Wallfahrtsort (800 Ew.) liegt 900 m hoch und ist bekannt durch seine im Jahr 1330 von Kaiser Ludwig dem Bayern gegründete Abtei sowie als Ausgangspunkt für Besuche nach Schloss Linderhof.

SEHENSWERT

Die im 18. Jh. nach einem Brand von Josef Schmuzer barockisierte **Klosterkirche** gehört zu den monumentalsten Gotteshäusern in Oberbayern. Der gotische Vorgängerbau wurde 1370 Unserer Lieben Frau zu Ettal geweiht. Das Kuppelfresko und das aus Carrara-Marmor gefertigte Gnadenbild der Madonna sind berühmt – es ist jedes Jahr Ziel von Wallfahrern.

MUSEEN

Wo der Klerus waltet, ist eine Brauerei nicht weit. Seit 1609 wird in Ettal Bier gebraut. Das **Brauereimuseum Kloster Ettal** gibt Einblicke in diese Tradition (Kaiser-Ludwig-Platz 1, Tel. 0 88 22/7 40, www.kloster-ettal.de; Besichtigung und Führungen nach Abspr.). Passend dazu lässt sich auch die **Schaukäserei Ammergauer Alpen** besuchen (Mandlweg 1, Tel. 0 88 22/92 39 26, www.schaukaeserei-ettal.de; Präsentationen Di.–Sa. 11.00 Uhr sowie nach Anm.; Käserei tgl. 10.00–17.00 Uhr).

EINKAUFEN

Ob Kini-Poster oder königliche Papierservietten, ob Bücher, die Ludwig zum Thema haben, oder Schmuck nach historischen Vorbildern: Im Museumsladen von Schloss Linderhof wird jeder fündig (www.schloesser-bayern-shop.de).

HOTEL UND RESTAURANT

Am nächsten dran an Ludwig ist man im **€/€€ Schlosshotel Linderhof** (Linderhof 14, 82488 Ettal, Tel. 0 88 22/7 90, www.schlosshotel-linderhof.de). Auf halbem Weg zwischen Ettal und Linderhof lohnt es sich, an die Köstlichkeit eines frischen Saiblings zu denken: im **€/€€ Gasthaus zum Fischerwirt** (Linderhofer Straße 15, Graswang, Tel. 0 88 22/63 52, www.zum-fischerwirt.de).

UMGEBUNG

20 km westl. liegt im Graswangtal **Schloss Linderhof** TOPZIEL, einer der Prachtbauten Ludwigs II. Es ist der einzige größere, den der bayerische König vollendet erlebte. Zwischen den Jahren 1869 und 1878 wandelte sich hier eine hölzerne Almhütte in ein Rokokoschloss mit prächtiger Parkanlage, die König Ludwigs Gartenarchitekt, Carl von Effner (1831–1884), schuf. Der Maurische Kiosk mit dem berühmten Pfauenthron ist das Prunkstück der Gartenlandschaft, die Venusgrotte das vielleicht märchenhafteste Beispiel für die Traumwelt Ludwigs. Sie wurde der Blauen Grotte Capris nachempfunden und versetzte den König in die Stimmung von Richard Wagners „Tannhäuser"-Oper. Allerdings wird ihr Innenraum derzeit restauriert und ist voraussichtlich erst ab dem Jahr 2022 wieder zu besichtigen. Den schönsten Blick auf Schloss Linderhof (Tel. 0 88 22/9 20 30, www.schlosslinderhof.de; April–Mitte Okt. 9.00–18.00, Mitte Okt.–März 10.00–16.00 Uhr; geschl. 1. Jan., Faschingsdienstag, 24., 25. und 31. Dez.) hat man von der Terrassenanlage.

INFORMATION

Tourist-Information, Ammergauer Straße 8, 82488 Ettal, Tel. 0 88 22/92 36 34, www.ammergauer-alpen.de

Tipp

Ran ans Messer

Seit Jahrhunderten wird Oberammergau von der **Holzschnitzerei** geprägt. Deshalb bietet es sich an, eben dort auch selbst zum Schnitzwerkzeug zu greifen – unter fachmännischer Anleitung, versteht sich. Der Meister bringt dem Ferienlehrling in einem Intensivkurs bei, wie aus einem groben Lindenholzklotz eine filigrane Figur wird.

INFORMATION

Termine und Informationen: www.schnitzkurse-oberammergau.de; Kursdauer: 5 Tage mit je 6 Std.

Genießen Erleben Erfahren

DuMont Aktiv

Bilder selbst erfahren

Radeln und dabei Motive der Künstler des Blauen Reiters erahnen, manchmal sogar definitiv erkennen – von den rund 220 km Radwegen im Blauen Land können 170 km mit dem Rennrad, 100 km mit dem Mountainbike und 50 km als Kunstfreund mit jedem Drahtesel genutzt werden. Die hier vorgestellte Tour bringt Sport, Spaß und Sinneserfahrung in einem.

Wer das Foto Wassily Kandinskys mit Fahrrad kennt, möchte ihn rund 100 Jahre später vielleicht nachahmen, seine Motive für die weltberühmten Gemälde finden und sehen. Auf den Spuren des Blauen Reiters lassen sich die Stellen aufsuchen, an denen die Künstler ihre Staffeleien aufgebaut haben. Ob Kandinsky oder Münter, Marc oder Jawlensky – bislang nur auf Leinwand gesehene Bilder werden auf einmal ganz real. So erkennt man zum Beispiel Kandinskys „Murnau mit Kirche", Jawlenskys „Sommerabend in Murnau" und Münters frühe „Kahnpartie" (1910), auch die späteren Bilder „Der blaue See am Mittag" (1923) und „Staffelsee mit Nebelsonne" von 1931. Das alles in einem der intaktesten Moore Europas, das größtenteils ein Niedermoor ist, dem das Wasser sprichwörtlich bis zum Halse steht. Denn das Grundwasser reicht bis in den Wurzelbereich der Pflanzen, wie es für ein Niedermoor typisch ist.

Weitere Informationen

Die Radtour „Auf den Spuren des Blauen Reiters" führt zu einigen Plätzen, an denen Kandinsky, Marc und Münter gemalt haben. Dauer: etwa drei Stunden, inklusive einem kleinem Picknick.
Informationen zu Terminen und Konditionen sowie Anmeldung bei: Elisabeth Eberth, Staltacher Straße 11, 82393 Iffeldorf, Tel. 0 88 56/8 03 76 54, radtouren-oberbayern@t-online.de

Wo einem der Wind um die Ohren pfeift

Spätestens bei Garmisch-Partenkirchen endet das liebliche Alpenvorland. Im Wettersteingebirge wie im Werdenfelser Land beginnt raues hochalpines Terrain, das bis knapp an die 3000-Meter-Marke heranreicht. Auf Idylle braucht dennoch niemand zu verzichten. Einsam gelegene Schlösser locken mit luxuriösem Interieur, während die Natur rundum mit romantischen Seen und verwunschen wirkenden Schluchten verzückt.

Geschafft – am Gipfelkreuz der Zugspitze, der mit 2962 Metern höchsten Bergspitze Deutschlands.

Garmisch-Partenkirchen hat durchaus seine idyllischen Seiten – am Mohrenplatz beispielsweise.

Bayerische Tracht beim Gaufest in Grainau: Man beachte den Gamsbart!

Kalkhaltiger Untergrund ist die Voraussetzung für die um Mittenwald und Krün teilweise noch erhaltenen und nicht zwecks einfacherer Bearbeitung eingeebneten Buckelwiesen. Bei der Verwitterung des Kalkbodens entstehen die charakteristischen Mulden.

Blick vom Wank auf das 1000 Meter tiefer liegende, sich inmitten eines weiten Talkessels ausbreitende Garmisch-Partenkirchen.

Das Kleinod war komplett von hohen Bergen und immergrünem Tannenwald umgeben. Keine anderen Bauwerke trübten die Sicht.

Diese Geschichte beginnt im Jahr 1913. Damals wollte sich Mary Isabel Portman, „The Honourable Mary", Aristokratin aus einer der reichsten Familien Englands, einen Traum erfüllen, indem sie sich das bis heute einzige englische Schloss in den Alpen bauen ließ. Dazu kaufte sie die Kranzbachwiese, auf 1040 Höhenmetern gelegen. Die 1615 Hektar gingen für damals stolze 4192 Mark über den Tisch des Königlichen Notariats von Garmisch. Peu à peu entstand ein Schloss wie im schottischen Hochland: mit einer 150 Meter langen Auffahrt, zwei Tor- und Wirtschaftshäusern und im Zentrum dem Mary-Portman-House – allesamt nach Westen mit Blick auf die Zugspitze ausgerichtet. Stufengiebel im Tudor-Stil und die auch im Nachbarland Tirol typischen weiß-roten Fensterläden sind bis heute kennzeichnend. Das Kleinod war komplett von hohen Bergen und immergrünem Tannenwald umgeben. Keine anderen Bauwerke trübten die Sicht.

Hier wird die Landschaft zur Bühne

Die Tragik der Geschichte besteht darin, dass Mary ihr fertiges Traumschloss Kranzbach nie sah, geschweige denn bewohnte. Wegen des Ersten Weltkriegs konnte die Erbauerin nicht mehr nach Deutschland zurückkehren, 1931 verstarb sie. Doch glücklicherweise überstand das englische „Schloss" in den Alpen beide Weltkriege unversehrt und konnte nach mehreren Besitzerwechseln zu einem Wellness-Refugium werden, auch wenn die Bezeichnung „Refugium" durch stetige Vergrößerungen inzwischen auf der Kippe steht. Ein klasse Spa-Hotel ist es allemal. Hier wird die Landschaft zur großen Bühne: Von den verglasten Saunen blickt man mit Panoramasicht auf die Karwendelspitze, von den ebenso verglasten Ruheräumen auf die Wettersteinspitze und von den im Winter beheizten Pools über die Alpspitze hinweg auf die alles überragende Zugspitze.

Ludwigs Hüttentraum

Die mautpflichtige Straße, die sich von Klais, Bayerns höchstgelegenem Bahnhof, über „Das Kranzbach" weiter zum „Schloss Elmau" und als Wanderweg bis auf 1866 Meter Höhe zum Jagdhaus Schachen windet, ließ König Ludwig II. im Jahr 1870 erbauen. Das königliche Refugium am Schachen ist von außen kaum von einer Schweizer Alpenhütte zu unterscheiden.

Am Mittenwaldener Obermarkt reihen sich im Sommer die Cafés. Im Hintergrund ragt die Pfarrkirche St. Peter und Paul auf.

Wie Bier, Weißwurst und Lederhose gehört die oftmals illusionistische Fassadenbemalung zu den Besonderheiten Oberbayerns und des benachbarten österreichischen Tirols. Mittenwald ist eine Hochburg dieser Lüftlmalerei.

Im Mittenwalder Leben hat jeder seinen Platz – auch hier in der in den Jahren 1734 bis 1749 von dem Wessobrunner Baumeister Joseph Schmutzer erbauten Pfarrkirche St. Peter und Paul.

Aber drinnen glaubt der Besucher entweder sofort an den vielbeschriebenen Wahnsinn des Königs oder an Halluzinationen. Besonders im Türkischen Saal traut man seinen Augen nicht: Diwane, Lüster, Springbrunnen, alles aus Gold vor gold-rot-blauen Tapeten, Teppichen und der komplett verzierten Decke, als ob sich der Sultan von Konstantinopel eine Bergdependance gegönnt hätte.

Das Alleinsein gelang dem Märchenkönig in der luftigen Höhe denn auch wesentlich besser als in seinen viel bekannteren Hauptschlössern Neuschwanstein oder Linderhof. Die Einsamkeit auf knapp 2000 Metern Höhe ist bis heute weitgehend erhalten geblieben. Nicht einmal 7000 Besucher pro Jahr nehmen den drei- bis vierstündigen Marsch hinauf in die königlichen Höhen in Kauf. Zum Vergleich: Schloss Neuschwanstein wird jährlich von mehr als 1,5 Millionen Gästen besucht, Linderhof immerhin noch von knapp einer halben Million.

„Gottes eigenes Landl"

Die Einheimischen des Werdenfelser Landes wie des Wettersteingebirges nennen ihre Heimat gern „Gottes eigenes Landl". Wegen der offensichtlichen Schönheit kamen die Engländer um die Wende zum 20. Jahrhundert in Scharen – inklusive Mary Portman – und deshalb strömen bis heute die Preußen herbei. Keine Region Deutschlands zieht so viele Pensionäre von jenseits des Weißwurst-Äquators an wie das bekannteste

Bis heute strömen hier die Preußen herbei.

Doppeldorf der Republik: Garmisch-Partenkirchen, von Hitler für die Olympischen Spiele 1936 zwangsvereint, ist ein Weltdorf und Stadtnest im Schatten der majestätischen Zugspitze. Von der Natur wurde es reichlich garniert mit wunder-

Beliebte Mittenwalder Ausflugsziele sind der Ferchensee und die Leutaschklamm, in die man durch die Regenbogenschlange gelangt. Bei Garmisch-Partenkirchen ist die spektakuläre Partnachklamm zu finden.

Im Riesenfernrohr kann man einen Blick auf alpine Ökosysteme werfen: Naturinformationszentrum an der Bergstation der Karwendelbahn.

Special

Die Welt zu Gast auf Schloss Elmau

Obama und die Nachos

Ein Schloss, eine Philosophie, ein Platz für Kinder und Künstler, für Sport- und Spaliebhaber und – vermehrt seit dem G7-Treffen von 2015 – auch für Politiker: das ist „Elmau", 100 Kilometer südlich von München, 1000 Meter über dem Meeresspiegel, mit gefühlten 10 000 Möglichkeiten, weit weg vom Alltag aktiv zu sein.
Das „Luxury Spa & Cultural Hideaway" bietet ein Rundumwohlfühlprogramm vom paradiesisch anmutenden Roofpool bis zum Konzertsaal für Spitzen-Events. Dazu gehört natürlich auch Sterneküche: Im „Luce d'Oro" kocht Mario Corti. Mit Angela Merkel wählte er das G7-Präsidentendinner aus: heimisches Reh und Saibling aus der Leutasch. Barack Obama mischte er nachts die Guacamole für seine Nachos. „Während des G7-Treffens hätte ich 20 Hände gebraucht!", sagt Corti. Einen Vorkoster wie in früheren Zeiten gibt's heute übrigens nicht mehr: „Das macht jetzt ein Computer in einem Aktenkoffer", erzählt Corti. „Der entdeckt binnen 25 Sekunden jedes Gift der Welt".

schönen Seen wie dem Eib- und Rießersee oder engen Bergschluchten wie der Partnach- oder Höllentalklamm ganz in der Nähe. „GaPa" hat etwas Urbayerisches, das „rei'ghockte Loisachpreiß'n" – so werden die zugereisten Bewohner gerne genannt – zugleich anzieht und abschreckt.

Bei einem Vorschlagswettbewerb für einen neuen Namen für die Bahnhofstraße kam der schier unglaubliche Vorschlag eines Ex-Berliners auf dem Tisch, sie doch bitteschön „Unter den Linden" zu taufen. Beim Fingerhakln würde man da sagen: „Willst mi gschert übern Tisch ziehn, ha?" Es blieb bei Bahnhofstraße.

Mehr als 1,2 Mio. Übernachtungen wurden zuletzt gezählt, die Partnerstädte Aspen in den USA, Chamonix in Frankreich und Lahti in Finnland zeugen von Internationalität, doch aus Norddeutschland stammende Neubürger und Zweitwohnungsbesitzer haben es nicht einfach, selbst wenn sie sich bayerischer als die Hiesigen in Loden und Tracht hüllen. Es ändert nichts daran, was der bayerische Schriftsteller und Amtsrichter Herbert Rosendorfer einmal aufs Papier brachte: „Ein Neger kann Bayer werden, ein Preuße nie." Das mag aus heutiger Sicht politisch nicht ganz korrekt formuliert gewesen sein, aber immerhin hätte Mary Portman, so gesehen, alle Chancen gehabt.

ANGEBOT FÜR GIPFELSTÜRMER

Ganz oben, wo die Geister toben

Deutschlands höchster Punkt ist der Ostgipfel der Zugspitze. Er misst genau 2962 Meter. Das Dach der Republik bietet auf seinem Massiv auch das höchstgelegene Haus, Postamt, Hotel, Restaurant und Skigebiet Deutschlands, vor allem aber einen 360-Grad-Panoramablick, der bei gutem Wetter die Sicht auf rund 400 Alpengipfel in vier Ländern freigibt.

Fast 500 Meter hoch und 300 Kilogramm schwer ist das bei einer Restaurierung vor einigen Jahren mit fast 150 Gramm Blattgold neu vergoldete Gipfelkreuz.

Zu Kaisers Zeiten galt die Zugspitze als kleiner Stumpen in den Alpen. Der damals höchste deutsche Gipfel hieß Kaiser-Wilhelm-Spitze, und die Schulbücher wiesen als dessen Höhe 6011 Meter aus. Um ihn zu besuchen, musste man ins ferne Afrika reisen, nach Deutsch-Ostafrika. Heute heißt das Land Tansania, und die einstige Kaiser-Wilhelm-Spitze trägt den Namen Kilimanjaro. Der „Kili" wird nun mit 5895 Metern Höhe angegeben – die Kaiser-Wilhelm-Spitze war seinerzeit bewusst falsch vermessen worden, um der höchsten Erhebung im Deutschen Reich die Sechs vor der Tausend zu schenken.

Die Bundesrepublik Deutschland bäckt in Sachen Bergspitzen deutlich kleinere Brötchen. 2962 Meter Höhe für den Zugspitz-Ostgipfel beeindrucken zwar die Deutschen, aber die europäischen Nachbarn deutlich weniger: Höchster unter den Alpengipfeln ist der Mont Blanc mit 4810 Metern.

Aber ganz unabhängig von allen Zahlen und Rekorden: Die Deutschen lieben ihre Zugspitze. Sie ist Mythos, Gipfel der Nation und Pflichtstoff für die Schüler. Wer einmal oben war, versteht das auch und vergisst Rekorde wie Fakten. Denn was gibt es schöneres als ein Gipfelerlebnis rund um den nördlichsten Alpengletscher? Höchstens zwei Zugaben: die Zugspitze während des Sonnenuntergangs oder eine Fahrt in Vollmondnächten aufs Plateau zum nicht weniger fulminanten Mondaufgang.

Der höchste Berg Deutschlands gehört zum Wettersteingebirge und liegt an der Grenze von Bayern und Tirol. Bei schönem Wetter ist eine grandiose Rundumsicht auf bis zu 400 Gipfel vom Piz Bernina über den Ortler, die Wildspitze bis zum Großglockner sowie nach München im Norden und Italien mit den Dolomiten im Süden möglich. Mehrere Bergbahnen führen nach oben. Die einfachste Route zu Fuß ist der Weg durch die Partnachklamm, wofür bis zu 14 Stunden einzuplanen sind und 2200 Höhenmeter bewältigt werden müssen.

Vom Meeresgrunde auferstanden

Der Berg ist der Überrest eines zu Kalk gewordenen Korallenriffs. Vor mehr als 200 Millionen Jahren lag an seiner jetzigen Stelle noch ein tropisch warmes Meer. Die Erstbesteigung erfolgte im Jahr 1820 durch Leutnant Joseph Naus, der topografische Aufnahmen machte. Pfarrer Christoph Ott stellte 1851 mit 28 Helfern ein erstes Gipfelkreuz auf. 1897 folgte das „Münchner Haus", heute eine Alpenvereinshütte, einst das meteorologische Observatorium. Die Kreuzeckbahn ging 1926 in Betrieb. Diese erste Seilschwebebahn in Bayern machte am 7. April 2002, nach 76 Jahren und 15 Millionen unfallfrei beförderten Fahrgästen, ihre letzte Fahrt. 1931 eröffnete das „Hotel

Im Hintergrund der Waxenstein: Bergsteiger auf dem Weg zur Zugspitze, dem „Dach der Republik".

Vor allem im Winter ist auf dem Zugspitzplatt Hochbetrieb.

„Top of Germany!" – So wird für die „Erlebniswelt Zugspitze" geworben.

Nur 300 Meter unterhalb des Zugspitzgipfels lädt der Gletscher zu Spaß und Sport im Schnee ein.

Schneefernerhaus", und 50 Jahre später wurde die Kapelle Maria Heimsuchung geweiht.

Auf dem Gipfel der Gefühle

Rund 400 000 Bergfreunde besuchen die Zugspitze im Jahr. Einige leben zeitweise dort, weil sie die „höchsten" Arbeitsplätze der Republik begleiten, etwa die in 24-Stunden-Schichten tätigen Meteorologen, die alle 60 Minuten ihre Berichte liefern, oder die Wissenschaftler des Max-Planck-Instituts für extraterrestrische Physik, die kosmischer Strahlung auf der Spur sind. Ein paar andere übernachten dort, wo der Wind pfeift (manchmal mit mehr als 200 Stundenkilometern), wo die Temperatur schon mal auf Arktis-Niveau fällt, wo die Geister toben, wenn die letzte Bergbahn talwärts ging (in alten Zeiten galt der Berg als verhext).

Nachdem im Jahr 1992 das Aus für den Hotelbetrieb besiegelt wurde, können Touristen nun in einem Iglu-Dorf auf der Zugspitze schlafen. Es besteht von Dezember bis April aus gefrorenem Wasser – von den Betten, Wänden, Decken bis hin zur Bar. Der winterliche Sternenhimmel und das grandiose Panorama mit Natur, wohin das Auge reicht, dienen als Kulisse – auch von den beiden Whirlpools aus. Und zum Dinner geht es in das Restaurant-Iglu, in dessen Eisnischen die Besucher auf kuscheligen Fellen über diesen höchsten Berg Deutschlands sinnieren können. Der hat übrigens sogar eine eigene Postleitzahl: 82475 steht für den Gipfel der Gefühle – nicht für alberne Rekorde.

Bergbahnen

Auf die Zugspitze kommt man tgl. mit der **Zahnrad-Zugspitzbahn** (Garmisch–Zugspitzplatt), der **Zugspitz-Seilbahn** (Eibsee–Zugspitzgipfel) und der **Gletscherbahn** (Zugspitzplatt–Zugspitzgipfel) in der Kernöffnungszeit von 8.00 bis 16.45 Uhr (Bayerische Zugspitzbahn, Tel. 08821/7970, www.zugspitze.de). Mit dem im Dezember 2017 fertiggestellten Neubau der Eibsee-Seilbahn ist diese u. a. die höchste Seilbahn der Welt.
Die **Tiroler Zugspitzbahn** fährt auf österreichischer Seite tgl. von Ehrwald aus zwischen 8.40 und 16.40 Uhr (Tiroler Zugspitzbahn, Tel. 0043/5673/2309, www.zugspitze.at).

Futuristische Anbauten ergänzen das Schneefernerhaus, das heute der Klimaforschung dient

Maßstab 1:200.000
0
2
4km
Pfaffenwinkel
WEILHEIM in Oberbayern
Starnberger See
Peiting
Hohenpeißenberg
Peißenberg
Polling
Seeshaupt
Eberfing
Iffeldorf
Penzberg
Huglfing
Böbing
Rottenbuch
Obersöchering
Habach
Antdorf
Sindelsdorf
Uffing am Staffelsee
Spatzenhausen
Riegsee
Benediktbeuern
Wildsteig
Bad Bayersoien
Seehausen am Staffelsee
Murnau am Staffelsee
Großweil
Saulgrub
Bad Kohlgrub
Schlehdorf
Kochel am See
Kochelsee
Ohlstadt
Murnauer Moos
Unterammergau
Oberammergau
Eschenlohe
Walchensee
Ammergauer Alpen
Estergebirge
Ettal
Oberau
Naturschutzgebiet
Ammergebirge
Farchant
Wallgau
Garmisch-Partenkirchen
Krün
Naturschutzgebiet Karwendel und Karwendelvorgebirge
Grainau
Eibsee
Werdenfelser Land
Mittenwald
Zugspitze
Alpspitze
Wettersteinwand
Wettersteingebirge
Karwendelspitze
Ehrwald
Leutasch
Scharnitz
Biberwier
1
2
3
4

Hoch, höher, am höchsten

Die beeindruckendste Bergkulisse Deutschlands erlebt man im Werdenfelser Land mit der Zugspitze und dem benachbarten Wettersteingebirge. Berge recken ihre Spitzen in die Höh', der Eibsee zeigt sich malerisch in Tiefgrün, archaische Buckelwiesen verleihen dem Tal eine besondere Atmosphäre. Draußen atmet der Besucher klare, würzige Bergluft, drinnen genießt er Kaminfeuer und Saunalandschaften mit Gebirgsblick.

1 Garmisch-Partenkirchen

Garmisch wurde schon im Jahr 802 erstmals erwähnt, Partenkirchen unwesentlich später. Bekannt wurden beide Dörfer (heute 29 000 Ew.) aber erst nach Hitlers Zwangsvereinigung für die Olympischen Spiele 1936.

„Ski und Rodel gut": Adolf-Zöppritz-Haus im Skigebiet Kreuzeck bei Garmisch-Partenkirchen.

SEHENSWERT

Partenkirchens **Ludwigstraße** ist die Prachtstraße der Stadt. Viele Häuser sind reich verziert oder bemalt, haben Erker, Säulen, zeigen Figuren und Madonnen. Anlieger haben sich im Verein Ludwigstraßler organisiert, um für den Erhalt der Bauten und fröhliche Straßenfeste zu sorgen. Garmischs **Alte Kirche** geht auf die frühe Gotik zurück (13. Jh.), für den Rokokobau **St. Martin** (um 1730) am Marienplatz zeichneten Wessobrunner Künstler verantwortlich. Der **Michael-Ende-Kurpark** ist eine Oase der Ruhe. Benannt wurde die Grünanlage nachdem Verfasser der „Unendlichen Geschichte", einem der prominenten Söhne der Stadt. Die **Sportanlagen** Garmisch-Partenkirchens sind durch Fernseh-Übertragungen weithin bekannt: das Olympia-Eisstadion, das Zielstadion am Gudiberg, die Kandahar-Piste und die moderne Skischanze (Führungen Sa. um 15.00, Mai–Okt. auch Mi. 18.00 Uhr, Anmeldung bei der Tourist-Information bis 24 Stunden zuvor).

MUSEEN

Das **Werdenfels Museum** in einem ehem. Kaufmannshaus auf dem 17. Jh. ist eines der bedeutendsten in Oberbayern (Ludwigstraße 47, Tel. 0 88 21/75 17 10, www.werdenfels-museum. de; Di.–So. 10.00–17.00 Uhr). Auch dem berühmtesten Bürger der Stadt wurde ein Museum gewidmet: In der **Richard-Strauss-Villa** schrieb der Komponist (1864–1949) den „Rosenkavalier" (Schnitzschulstraße 19, Tel. 0 88 21/91 09 50, www.richard-strauss-institut. de; Mo.–Fr. 10.00–16.00 Uhr, Fei. geschl.).

AKTIVITÄTEN

Mindestens 14 Std. dauert es zu Fuß auf die Zugspitze auf dem längsten, aber einfachsten Weg über die Partnachklamm und das Reintal. Übernachtungsmöglichkeiten unterwegs gibt es in der Reintalangerhütte (1369 m) sowie in der Knorrhütte (2070 m) – insgesamt sind 2200 Höhenmeter zu bewältigen (Informationen beim Deutschen Alpenverein, Tel. 0 89/5 51 70 00, www.davplus.de).

HOTEL UND RESTAURANT

Mit 1400 m² Spa, 5 Saunen, 2 Pools und einem Whirl-Pool in einem romantischen Heustadl im Freien bietet das Vier-Sterne-Plus-Hotel **€€€€ Staudacher Hof** (siehe auch „Unsere Favoriten", S. 20/21) Erholung pur. Und das nur wenige Gehminuten vom Garmischer Zentrum entfernt (Höllentalstraße 48, 82467 Garmisch-Partenkirchen, Tel. 0 88 21/92 90, www.staudacherhof.de). Baden im Pool mit chlorfreiem Granderwasser, schwitzen im Spa mit Saunen und Dampfbad geht auch im **€€ Riessersee Hotel** (Riess 5, 82467 Garmisch-Partenkirchen, Tel. 0 88 21/75 80, www.riessersee-hotel.de). Von Dez. bis April lässt sich in **€€/€€€ Iglus am Zugspitzplatt** nächtigen (Bayerische Zugspitzbahn, Tel. 0 88 21/79 70, www.zugspitze.de). Knusprige Haxn, fangfrische Forellen oder einen zarten Tafelspitz vom Werdenfelser Rind gibt es im **€/€€ Gasthof Schatten** (Sonnenbergstraße 10, Tel. 0 88 21/9 43 08 90, www.hotel-schatten.de).

VERANSTALTUNGEN

Wintersport steht hier ganz oben an, darunter das traditionelle **Vierschanzenspringen** von der Olympia-Schanze um Jahresbeginn. Insgesamt gibt es fast 1000 Sportveranstaltungen im Jahr. Über die Straßenfeste in der Ludwigstraße informiert www.partenkirchen-erleben.de.

UMGEBUNG

Der idyllisch gelegene,auch im Sommer kühle **Rießersee** ist seit den 1920er-Jahren ein Begriff, weil dort auf Natureis die Eishockeyspiele des renommierten SC Rießersee ausgetragen wurden. Nicht minder romantisch gibt sich der dunkle **Pflegersee** (nördl.) zu Füßen des Königstands. Der Moorweiher hat einen Badeplatz mit Liegewiesen und Bootsverleih.

Tipp

Gletschertour

Das ewige Eis schmilzt. Im Jahr 1880 bedeckte das Gletscherareal am **Zugspitzplatt** noch 2,28 km², rund 100 Jahre später sind es nur noch 0,17 km². Wenn die Skifahrer Pause haben, von Juni bis September, darf gewandert werden. Der Gletscherwanderweg ist selbst für Kinder und Senioren binnen einer Stunde Gehzeit zu schaffen und bietet fantastische Aus- und Talblicke.

INFORMATION

Wettervorhersage mit Webcam auf www.zugspitze.de

Die **Partnachklamm** gehört zu den eindrucksvollsten Gebirgsschluchten Deutschlands: 700 m lang, die Wände bis zu 86 m hoch (Tel. 0 88 21/ 9 10 53 60, www.partnachklamm.eu; Mai, Juni und Okt. 8.00–18.00, Juli–Sept. bis 19.00, Nov. bis April 9.00–18.00 Uhr). Auf die **Zugspitze** TOPZIEL (siehe auch DuMont-Thema S. 76–79) kommt man tgl. mit der Zahnrad-Zugspitzbahn (Garmisch–Zugspitzplatt), der Eibsee-Seilbahn (Eibsee–Zugspitzgipfel) und der Gletscherbahn (Zugspitzplatt–Zugspitzgipfel). Eine weitere Bergbahn verkehrt auf Tiroler Seite von Ehrwald (www.zugspitze.at). Die 2628 m hohe **Alpspitze** hat einen pyramidenförmigen Gipfel und die spektakuläre Aussichtsplattform „AlpspiX". Der **Hausberg** (1327 m) bietet zahlreiche Wanderwege, an denen bewirtschaftete Almen liegen. Wenn entlang der B 2 zahllose Heustadl und Streudrischen zu sehen sind (die selten gewordenen, kunstvoll aufgebauten, kegelförmigen Heuhaufen), sollte man rechts nach **Farchant** abbiegen, ein bayerisch- schmucker 4000-Ew.-Ort, in dem die Tracht noch vielfach zum Alltag gehört. Von der um 1230 gegründeten **Burg Werdenfels**, nach der das Werdenfelser Land benannt ist, sind noch Reste der Burgmauer und des Burgtors zu sehen. Hinzu kommt ein wunderbarer Blick auf Loisachtal und Wettersteingebirge.

INFORMATION
Tourist-Information, Richard-Strauss-Platz 2, 82467 Garmisch-Partenkirchen, Tel. 0 88 21/18 07 00, www.gapa.de

2 Grainau

Stolz nennt man sich „das Zugspitzdorf" – geografisch näher dran an Deutschlands höchstem Berg ist keine andere Gemeinde.

SEHENSWERT
Der grünlich glitzernde **Eibsee** zählt aufgrund von Farbe und Lage zu den schönsten Seen der bayerischen Alpen. Entstanden ist er durch einen Bergsturz vor erst knapp 4000 Jahren. Die **Höllentalklamm** ist eine der wildesten Felsschluchten der Alpen, etwa 700 m lang mit Engstellen von 2 bis 5 m, Felswänden bis 150 m Höhe und dem reißenden Hammersbach. Einstieg ist im Ortsteil Hammersbach (Tel. 0 88 21/ 88 95, www.hoellentalklamm-info.de; von Mai bis Okt.). Geübte Wanderer und Bergsteiger gehen weiter bis auf die Zugspitze (Deutscher Alpenverein, Tel. 0 89/5 51 70 00, www.davplus.de).

VERANSTALTUNGEN
Auch wegen der **Heimatabende** ist Grainau einen Abstecher wert. Was der Volkstrachtenverein „D'Höllentaler" auf die Bühne bringt, ergibt einen Streifzug durch bayerische Traditionen, vom Schuhplattler und Jodler bis zum Wettsägen der Holzknechte (Termine bei der Tourist-Information).

INFORMATION
Tourist-Information, Parkweg 8, 82491 Grainau, Tel. 0 88 21/98 18 50, www.grainau.de

Oben: Ein Sommerabend lässt am Barmsee die Alpen glühen. Rechts: „Da bin ich daheim": beim Gaufest in Grainau im Werdenfelser Land.

Tipp

Wohl bekomm's

Medical Care ist fast schon eine Mode geworden: sich medizinisch einmal rundum durchchecken lassen während man ganz entspannt im Urlaub ist. Wer sich dazu für **Das Graseck** entscheidet, reist mit der Graseckseilbahn an (das Auto bleibt an der Talstation stehen) und schwebt über die Partnachklamm hinauf zum Hotel. Dort warten 30 modern und schick eingerichtete Zimmer mit Blick aufs Wettersteingebirge, ein schöner Wellnessbereich, ein Restaurant und natürlich GAP Prevent für Gesundheitsvorsorge, Check-up-Programme und Leistungsdiagnostik. Die spektakuläre Partnachklamm kann man vom Graseck aus von oben nach unten spazieren und mit der für Hotelgäste kostenfreien Gondel wieder hinauf fahren.

INFORMATION
€€€€ Das Graseck, Graseck 4, 82467 Garmisch-Partenkirchen, Tel. 0 88 21/94 32 40, www.das-graseck.de, www.gap-prevent.de

3 Krün

Die Gemeinde Krün setzt sich aus den Ortsteilen Krün, Barmsee, Tennsee, Klais, Gerold, Kranzbach, Elmau und Plattele zusammen.

UMGEBUNG
Die **Buckelwiesen** zwischen Krün und Mittenwald sowie rund um den Barmsee sind ein Erbe der Eiszeit, das man nicht versäumen sollte. Zudem lässt es sich im **Barmsee** schön baden. **Klais** hat die höchstgelegene Bahnstation Bayerns (993 m) und ist Ausgangspunkt für Ausflüge nach Wamberg, dem höchstgelegenen Dorf mit Kirche in der Bundesrepublik (1016 m), zu den Schlosshotels **Kranzbach** und **Elmau** sowie zum **Jagdhaus am Schachen** TOPZIEL im Wettersteingebirge, der Berghütte Ludwigs II. mit Maurischem Saal (Tel. 0 88 22/9 20 30, www.schloesser.bayern.de/deutsch/schloss/objekte/schachen.htm; Juni–Sept. tgl. Führungen 11.00 bis 15.00 Uhr); wer die mindestens dreistündige Wanderung auf knapp 2000 m Höhe geschafft hat, wird im Berggasthof „Schachenhaus" mit Hausgeräuchertem und, wenn nötig, einem Matratzenlager „belohnt". Der Panoramablick auf das Wettersteingebirge und die Gipfel Dreitorspitze (2633 m) und Wettersteinwand mit ihrer Spitze auf 2488 m ist fantastisch. Auch **Wallgau** (nördl.) zeigt rund um seine barockisierte Pfarrkirche St. Jakob (Urspr. 15. Jh.) Lüftlmalereien. Der Ort ist als Heimat von Magdalena Neuner bekannt: Auf den Spuren der erfolgreichsten Biathletin aller Zeiten kann man über den Magdalena-Neuner-Panoramaweg von Wallgau bis zur Maxhütte wandern. Weitere. Spazierwege führen zur malerischen Finzbachklamm und zum Großen Wasserfall (jeweils 1 Std.).

HOTEL UND RESTAURANT
Hotelluxus sowie ein erstklassiges Wellness- und Kulturresort bietet das **€€€€ Schloss Elmau** (siehe „Unsere Favoriten", S. 20/21). Das **€€€€ Das Kranzbach** liegt nicht minder schön, nur etwas tiefer, was für die Höhe wie für das Angebot gilt (siehe ebenfalls S. 20/21). Mit einfacher Speisekarte und einem Bettenlager auf knapp 2000 m wartet das **€ Schachenhaus** auf (Tel. 01 72/8 76 88 68, www.schachenhaus.de; Juni–Mitte Okt.).

INFORMATION
Tourist-Information Krün, Schöttlkarspitzstraße 15, 82494 Krün, Tel. 0 88 25/10 94, www.alpenwelt-karwendel.de/urlaub-kruen; Tourist-Information Wallgau, Mittenwalder Straße 8, 82499 Wallgau, Tel. 0 88 25/92 50 50, www.alpenwelt-karwendel.de/urlaub-wallgau

4 Mittenwald

Der Geigenbauort (seit dem 17. Jh.) ist auch ein Zentrum der Lüftlmalerei, die in dem höchstgelegenen Luftkurort Deutschlands (7000 Ew.) wie auf Fassaden projizierte Geschichtsbücher wirken. Johann Wolfgang von Goethe sprach auf seiner Italienischen Reise von einem „lebendigen Bilderbuch" – das gilt weitgehend bis heute, zumal es noch aktive Lüftlmaler gibt.

SEHENSWERT
Der Markt besitzt ein intaktes **Ortsbild** mit oberbayerischen Häusern aus dem 17. und 18. Jh. und der **Pfarrkirche St. Peter und Paul**, für deren Rokokoausstattung um 1740 der Wessobrunner Baumeister Josef Schmuzer verantwortlich zeichnete. In der Fußgängerzone **Obermarkt** mit freskierten Häusern und alten Torfassaden ist auch das Goethe-Haus aus dem 18. Jh. zu finden. Das Denkmal von Matthias Klotz (1653–1743) erinnert an den Gründer des Mittenwalder Geigenbaus.

MUSEUM
Das **Geigenbau- und Heimatmuseum** ist der Geschichte des Markts und der Dokumentation des örtlichen Instrumentenbaus gewidmet. 200 Exponate werden gezeigt (Ballenhausgasse 3, Tel. 0 88 23/25 11, www.geigenbaumuseum-mittenwald.de; Feb.–Mitte März, Mitte Mai bis Mitte Okt., Mitte Dez.–Dreikönig Di.–So. 10.00 bis 17.00, Jan., Mitte März–Mitte Mai und Mitte Okt.–Anf. Nov. Di.–So. 11.00–16.00 Uhr).

AKTIVITÄTEN
Eine schöne **Mountainbiketour** mittleren Schwierigkeitsgrads führt von Mittenwald durchs Hinterautal zu den Isarquellen (Länge 47 km, Höhenmeter 480 m, Dauer ca. 2,5 Std.; Radverleih: Bikerbahnhof, Bahnhofplatz 10, Tel. 0 88 23/27 64, www.bikerbahnhof.com). Das Gebiet um die Karwendelspitze (2385 m) ist eine der beliebtesten **Wanderregionen**; das Wanderwegenetz umfasst rund 500 km.

EINKAUFEN
Wer sich für eine **hochwertige Violine** interessiert, findet in Mittenwald rund ein Dutzend Spezialisten. Eine von ihnen ist die Geigenbauerin Bettina Weichselbaumer, passenderweise in der Matthias-Klotz-Straße 8 (Tel. 0 88 23/ 36 03, weichselbaumer@hotmail.de).

HOTEL
Im € **Sonnenbichl** kann man sprichwörtlich die Seele baumeln lassen, auf der Sonnenterrasse wie in der Sauna (Klausnerweg 32, 82481 Mittenwald, Tel. 0 88 23/9 22 30, www.sonnenbichl-mittenwald.de).

UMGEBUNG
Schönstes Naturdenkmal in der Umgebung ist die **Leutaschklamm** hinüber nach Tirol. Mit 1650 m gehört sie zu den längsten Schluchten der Nordostalpen (www.leutasch-klamm.de; von Anf. Mai bis Ende Okt.).

INFORMATION
Tourist-Information, Dammkarstraße 3, 82481 Mittenwald, Tel. 0 88 23/3 39 81, www.alpenwelt-karwendel.de/urlaub-mittenwald

Genießen Erleben Erfahren

DuMont Aktiv

Pistenzauber

Der Vorbote des Winters zeigt sich jedes Jahr immer zuerst auf der Zugspitze. Und dort wird dann das Kapitel Winter und Skifahren in der Regel am 2. Mai auch abgeschlossen – zumindest für Deutschland.

Großflächig abgedeckt wird der Gletscher zur Sommerszeit zwar seit 2013 nicht mehr, aber Sommerskilaufen in Deutschland? Das war einmal ... Dennoch beantwortet sich die Frage: Wohin zum Skifahren, wenn man in Deutschland der Erste und/ oder der Letzte auf der Piste sein will, mit dem Wort Zugspitze. Deutschlands höchstgelegenes Skigebiet zwischen 2000 und 2720 Metern bietet meist schon ab Anfang November gut bis sehr gut präparierte Pisten.

Skispaß unterhalb des Gipfels

Beachtliche 20 Kilometer Abfahrten für jeden Geschmack und jede Schwierigkeit stehen zur Auswahl. Gefürchtet einerseits und heiß geliebt andererseits ist die schwarze Weltcup-Strecke mit 3300 Metern Länge. Der griffige, feste Schnee erfreut schnelle Wedler ebenso wie brave Bögenzieher, denen vier leichte Abfahrten zur Verfügung stehen. Rund 250 000 Wintergäste nutzen das Skigebiet pro Saison.

Weitere Informationen

Die Skisaison auf der Zugspitze und dem Zugspitzplatt geht von November bis Anf. Mai, die Liftanlagen laufen dann von 8.00 bis 16.30 Uhr. Tageskarten, inklusive Auf- und Abfahrt mit der Zahnradbahn ab Garmisch-Partenkirchen, kosten gut 40 €. Acht Bahnen und Lifte sowie vier Bergrestaurants stehen zur Verfügung. Weitere Auskünfte gibt es auf der Internetseite www.zugspitze.de

Gipfelstürmer: Auch Snowboarder zieht es zum Freizeitvergnügen in luftiger Höh'.

O Gott, ist das schön!

Mönche und Nonnen wussten schon seit jeher, wo es paradiesisch ist. Warum sonst ragen im kleinen Pfaffenwinkel nicht weniger als 160 Kirchtürme in den weiß-blauen Himmel Oberbayerns? Das Highlight dieser meist von Zwiebeln gekrönten Turmhauben ist das UNESCO-Welterbe Wieskirche. Jetzt also tief durchatmen und danm eintreten in die Welt der Kreuze und Reliquien, der Wallfahrten, Büßer, Beter und Kulturmenschen.

Was den bayerischen Staat einst an den Rand des Ruins brachte, ist heute eine sprudelnde Einnahmequelle: Neuschwanstein.

Die Wieskirche beeindruckt Reisende aus aller Welt.

Es gibt in der kleinen Wieskirche keinen Winkel, der nicht detailreich ausgeschmückt ist.

Einst einsam gelegen, ist die Wieskirche der Welt mittlerweile doch etwas nähergerückt.

Es ist erst kurz vorm Mittagsläuten, und die Japaner haben bereits tief in eine große bayerische Maß geschaut.

Erst die Bibel und dann das Bier? Oder besser umgekehrt? Reiseleiterin Ayaka bringt dieses Mal um die 50 Touristen von der japanischen Insel Hokkaido direkt aus München zur Wieskirche. „Bei unseren Touren kommt immer erst das Hofbräuhaus, dann die Kirche, dann Neuschwanstein. Sonst haben wir logistisch ein Problem.“ Spätnachmittags geht es ja bereits weiter nach Luzern.

Es ist erst kurz vorm Mittagsläuten, und die Japaner haben bereits tief in eine große bayerische Maß geschaut.

„Ein halbes Dutzend Busse mit japanischen Touristen täglich ist normal geworden.“ Der langjährige Prälat der Wieskirche beschreibt die Besucherströme ganz nüchtern. Dass es aber zuletzt nur noch 43 Goldene und sogar nur noch elf Grüne Hochzeiten gegeben hat“, das ärgert Georg Kirchmeir. Er ist 76 Jahre alt, 35 Jahre, hat er auf der Wies verbracht, als Pfarrer, Seelsorger und Hausherr einer der bekanntesten Kirchen Europas, ehe er in den verdienten Ruhestand ging.

Die Wallfahrtskirche zum gegeißelten Heiland, auf einer (ehemals) einsamen Waldwiese gelegen, gehört nach dem Aachener und Speyrer Dom sowie der Würzburger Residenz zu den ersten Weltkulturerbestätten in Deutschland.

Der ehemalige Wies-Pfarrer sagt: „Wir müssen es nicht wissenschaftlich nachweisen. Sondern fragen: Was bedeutet das?“ Gemeint sind nicht die UNESCO-Kriterien, sondern die Tränen des gegei-

Da fehlt doch was? Der Thronsaal von Neuschwanstein mit seinem vier Meter hohen Kronleuchter erstreckt sich über zwei Stockwerke und den gesamten Westteil des Palas. Der Thron selbst wurde nicht mehr ausgeführt.

Oben: Schloss Neuschwanstein mit dem Forggensee im Hintergrund. Unten: Der Schwan aus der Lohengrin-Sage war als Zeichen der Reinheit das Lieblingstier Ludwigs II.

ßelten Heilands von der Wies, der im Jahr 1738 einer Bäuerin erschienen sein soll. Daraufhin wurde ab 1746 eine Wallfahrtskapelle gebaut. „Das Geschehen im Bewusstsein zählt, keine naturwissenschaftlichen Erkenntnisse", meint Kirchmeir. „Für mich ist die Wies eine lebendige Kirche. Alle sind willkommen. Und draußen steht ja nicht, wann geschlossen, sondern wann geöffnet ist!" Für die meisten anderen aber ist sie vor allem eine Kulturstätte von Weltrang. Und so rattert auch Ayaka routiniert ihre Zahlen, Fakten und Beschreibungen herunter.

Die zwei Gesichter der Wies

Ob die vermeintlichen Tränen des Herrgotts nun doch eher Tau waren oder nicht, für die UNESCO ist das Kirchlein „ein Meisterwerk menschlicher Schöpferkraft und ein außergewöhnliches Zeugnis einer untergegangenen Kultur". Die wichtigsten Detailgründe waren die Deckenfresken, in deren Zentrum der auferstandene Jesus auf einem Regenbogen, dem Symbol der Versöhnung, thront, die vergoldeten Stuckarbeiten und die Figur des Heilands in einem vollendeten Rokoko-Bau. Auch die Chorausstattung und die Kanzel sind grandios. Mehr als 40 Fenster sorgen für einen faszinierenden Raumeindruck in dem Oval von nur 45 Metern Länge, 24 Metern Breite und bis zu 32 Metern Höhe.

Eine Million Besucher strömen jedes Jahr in den Weiler Wies. Für die Wallfahrer unter ihnen spielt das zauberhafte Rokoko-Gewand keine so große Rolle. Für sie ist die Wieskirche nicht die kleinste der 41 deutschen Welterbestätten, sondern eine Wallfahrtskirche, in der es um Leid, Buße und Erlösung geht und in der deshalb das Gnadenbild umschritten werden muss. Tradition heißt nicht, die Asche zu verwahren, sondern das Feuer lodern zu lassen. Das passiert noch auf der Wies. Also doch: erst die Bibel, dann das Bier?

Land unterm Zwiebelturm

Und wie sieht es mit Kuh und Kirche aus? Keine Frage: „Erst wird gemolken, dann gebetet", sagt die Bäuerin, die mitten im Pfaffenwinkel zwischen Wieskirch und Wessobrunn wie im Paradies lebt und arbeitet. „Im Paradies?" Sie stutzt. „Die Hänge am Hohen Peißenberg sind steil, die Arbeit ist hart, aber freilich: Schee is' scho'!" Landschaften, von denen man schreiben kann: Da geht einem das Herz auf – die gibt es nicht allzu oft. Der Pfaffenwinkel gehört dazu mit den 160 Kirchen und Tausenden von Kühen. Mit dem Soiener Moorsee und dem 988 Meter hohen Peißenberg. Mit Filz und Moos, Fresken und Stuck, Kutten und Mieder. Mit Mittelalterstädtchen wie Schongau, der Kulisse der Ammergauer Alpen im Süden und mit Wessobrunn im Norden.

Das Ballenhaus in Schongau wurde ursprünglich für die Lagerung von Waren genutzt; in den Stockwerken darüber befand sich die Stadtverwaltung.

Zum weithin sichtbaren Komplex der Wallfahrtskirche Mariä Himmelfahrt auf dem Hohen Peißenberg gehören auch eine Gnadenkappelle und ein Priesterwohnhaus.

Die auf den Fundamenten eines romanischen und gotischen Vorgängerbaus errichtete Stadtpfarrkirche Schongaus verdankt ihren barocken Schmuck Wessobrunner Künstlern.

Im Wittelsbacherschloss Hohenschwangau verbrachte der 1845 im Schloss Nymphenburg in München geborene König Ludwig II. einen Teil seiner Jugend.

Dort ist unter der Dorflinde auf einem Stein das älteste überlieferte Gedicht in deutscher Sprache gemeißelt. Das Wessobrunner Gebet beschreibt, wie mit Weisheit und Kraft der Sündenfall vermieden werden kann. Das Kloster wurde im Jahr 753 errichtet. Übrig blieb der Klosterhof, als eindrucksvoller Rest einer einst viel größeren Anlage. Die Pfarrkirche als nördlicher Abschluss wurde erst 1758 erbaut. Stolz trägt sie eine der typischen Zwiebelhauben. Diese gehören zu Oberbayern wie die weiß-blauen Rauten zur Bayernfahne und sind ein Erkennungszeichen bayerisch-barocker Baukunst. Sie symbolisieren Bibel und Bier, denn wer fremd ist und nach Kost und Logis Ausschau hält, der sollte den nächsten Zwiebelturm anvisieren. Daneben steht meist das traditionsreichste Gasthaus,

Das Wessobrunner Gebet beschreibt, wie mit Weisheit und Kraft der Sündenfall vermieden werden kann.

in dem man nur selten enttäuscht wird. Aber – o weh – die Zwiebelhaube ist kein bayerisches Original. An islamischen und russisch-orthodoxen Gotteshäusern war der Zwiebelturm längst Usus, ehe er Mitte des 16. Jahrhunderts in Bayern Einzug hielt. So gilt also in jedem Fall: Bier vor Zwiebelturm.

Ein Wahnsinnsschloss

„Er bedient sozusagen die ‚Bunte' in uns": Mit dieser Einschätzung überraschte die Historikerin Marita Kraus, Professorin für Landesgeschichte an der Universität Augsburg. Natürlich wäre Ludwig II. heute ein Star. Die Paparazzi würden ihn jagen, die Boulevard-Schreiber als ein Geschenk des Himmels tätscheln und feiern. Nicht nur für seine Exzentrik, sondern auch für das, was manche despektierlich Neuschwahnsinn nennen –

Der Legende nach wurde das Kloster Wessobrunn (hier mit dem prachtvoll stuckierten Prälatentrakt) vom bayerischen Herzog Tassilo III. gestiftet, der im Jahr 753 auf der Jagd eine Nacht im Wald verbringen musste, wo ihm im Traum eine Himmelsleiter erschien.

Neben der Klosterkirche steht der „Graue Herzog", ein romanischer Turm. Die Kirche und das obere Geschoss des Prälatentraktes gehören der Pfarrei Wessobrunn, die übrigen Anlagen sind heute im Besitz einer Naturkostfirma, die das Kulturdenkmal behutsam sanieren will.

Die schlichte, monumentale Architektur der querschifflosen Basilika St. Michael in Altenstadt, der Ursiedlung von Schongau (hier ein Blick in den Chor mit dem über drei Meter „Großen Gott von Altenstadt"), verweist auf oberitalienische Vorbilder.

nicht verwunderlich, angesichts von 1,3 Millionen Besuchern pro Jahr. Die fasziniert die pure, unerklärliche Romantik mit Zinnen, Türmchen und Giebeln, verspielten Schnörkeln hier und blankem Pomp dort, aufgestellt wie Zuckerguss in einer herrlichen Alpenregion in einmaliger Lage auf einem bewaldeten Bergrücken mit Seeblick. Mehr geht nicht. Auch deshalb ist Neuschwanstein eines der bekanntesten Schlösser der Welt.

Rund 30 Minuten Fußmarsch vom Ort hinauf zum Schlosseingang und dann noch 300 Stufen im Schloss. Die Gruppen sind groß, und man bekommt nicht viel Zeit in jedem Zimmer – auch nicht viel Zeit zum Durchschnaufen zwischendurch. Wenn es besonders schwer wird, sagt sich so mancher: Aber es lohnt sich!

Das Refugium als Publikumsmagnet

Auch innen ließ der „Kini" grandiose Szenarien schaffen: ein Schlafzimmer mit Bildern aus Wagners „Tristan und Isolde", ein Wohnzimmer mit Szenen aus der „Lohengrin"-, ein Arbeitszimmer mit Bildern aus der „Tannhäuser"-Sage. Die Grotte trotzt allen Vorwürfen von Kitsch, schließlich soll Tannhäuser in einer ähnlichen Umgebung den Reizen der Venus erlegen sein. Und im Thronsaal dann der ganz große Prunk mit einem einzigen Makel: Hier gab es niemals einen Thron. Alle anderen Zimmer sind leer.

Entstanden ist die stimmungsvollste Schöpfung von Ludwig II. ab 1869 nach Entwürfen des Theatermalers Christian Jank. Nach dem mysteriösen Tod des Königs am 13. Juni 1886 wurde der noch unvollendete Bau eingestellt, schon sieben Wochen danach öffnete sich Neuschwanstein dem Publikum. Absurd: Der so menschenscheue Ludwig hatte die Burg erbaut, um sich der Öffentlichkeit zu entziehen – sein geplantes Refugium wurde zum Publikumsmagnet ... Im Sommer drängen sich im Durchschnitt täglich mehr als 6000 Besucher durch die Räume, die ursprünglich für einen einzigen Bewohner bestimmt waren. 300 Stufen hin oder her: Neuschwanstein lohnt sich – wirklich!

Tische mit Aussicht

Schöner speisen

Gibt's was schöneres als eine bayerische Brotzeit? Na ja, Kaffee und Kuchen vielleicht? Oder lieber doch was richtig Defitiges, einen Schweinsbraten zum Beispiel? Aber so gut all die leckeren Sachen auf den Tellern auch sind – wer sie im Sommer auf einer Terrasse mit Traumblick genießt, der hat nochmal ein schönes Stück mehr davon ...

1 Der Bär und sein See

Das Wasser plätschert an die Kaimauer. Die Gäste blinzeln in die Sonne, schmausen hausgemachten Kuchen oder einen frisch gefangenen Fisch. Und die Frau mit der großen schwarzen Sonnenbrille am Ende des schattigen Biergartens schaut einfach nur über den Kochelsee. Vor der mächtigen Kulisse des Herzogstandes hat das Seehotel und Restaurant Grauer Bär, direkt am Ufer, einen echten Logenplatz – und das schon seit hundert Jahren.

Seehotel Grauer Bär,
Mittenwalderstraße 82,
82431 Kochel am See,
Tel. 0 88 51/9 25 00,
www.grauer-baer.de

2 Alpenhof mit Alpenblick

Das Blaue Land um Murnau gehört mit seinen Lichtstimmungen sicher zu den schönsten Gebieten im bayerischen Alpenvorland. Und die Sonnenterrasse des Alpenhofs, südlich von Murnau, bietet *den* Traumblick auf die ganze Bergkette schlechthin: Ammergauer Alpen, Zugspitze, Wettersteinmassiv als perfekte Kulisse hinter dem größten zusammenhängenden Naturschutzgebiet Mitteleuropas, dem Murnauer Moos. Das sieht aus wie im Breitwandkino, noch garniert mit feinsten bayerischen Schmankerln von bodenständiger Klarheit bei einem sehr guten Preis-Leistungs-Verhältnis. Nur ein paar Schritte weiter verändert sich zwar kaum der Blick, aber doch ganz deutlich die Sichtweise: Aus dem hellblauen Hotelpool des Alpenhofs wirkt dieses grandiose Postkarten-Bayern sogar noch einen Tick frischer ...

Alpenhof Murnau,
Ramsachstraße 8,
82418 Murnau,
Tel. 0 88 41/49 10, www.alpenhof-murnau.com

3 Klosterbier und Klosterblick

Als die Gräfin Anna von Pienzenau, Hofmarksherrin auf Schloss Reichersbeuern und spätere Gräfin zu Carrara und Aquilata, im Jahr 1618 einen Berg roden und dort infolge eines Gelübdes ein Kloster errichten ließ, konnte sie natürlich nicht wissen, dass dort viel später an einem der schönsten Plätze im Alpenvorland einer der schönsten Biergärten entstehen sollte, in dem zudem noch bestes Bier ausgeschenkt wird. Aber wir wissen das zum Glück: Unbedingt probieren sollte man den Aegidius Trunk vom Fass, ein naturtrübes Kellerbier mit 13,5 Prozent Stammwürze. Ein seliger Blick kann im Kloster Reutberg vom Gerstensaft kommen, also bierselig sein, aber auch ein verklärter Panoramablick auf die Alpen ... Auf keinen Fall vergessen: ein Sprung in den Kirchsee. Der bernsteinfarbige Moorsee liegt unterhalb des Reutbergs.

Klosterbrauerei Reutberg,
Am Reutberg 3, 83679
Sachsenkam, Tel. 0 80 21/
2 58, www.klosterbrauerei-reutberg.de

4 Aussicht mit Musik

Draußen gleiten die Segelboote über den Ammersee. Holzkähne werden gerudert. Am Anleger warten die Leute aufs Schiff und im von Kastaninen beschatteten Biergarten am Bootsanlegesteg Herrsching spielt die Musik: jeden Tag ab 16.00 Uhr, oft bayerisch, manchmal auch aus anderen Regionen der Welt. Und wenn die Sonne untergeht, wird der Seehof mit seiner direkten Lage am Wasser gar zu einem Stück Italien: Dann spielt Wirt Peter Reichert die „Capri Fischer" auf seiner Trompete.

Seehof Herrsching,
Seestraße 58,
82211 Herrsching,
Tel. 08152/9350, www.
seehof-ammersee.de

5 Bis zum Großglockner

Die Zahlen sind beeindruckend: 1620 Meter hoch gelegen und damit 103 Meter unter der Gipfelhöhe des Wallberg, ein 270-Grad-Blick und eine 360-Mann-Terrasse. Das Panoramarestaurant Wallberg mit umfassender Glasfassade und luftiger Terrasse ermöglicht einen herrlichen Rundblick, der zum einen über den Tegernsee und das Alpenvorland bis nach München reicht und zum anderen bis zur Zugspitze sowie bis zum Großglockner – jedenfalls, wenn das Wetter mitspielt.

Panoramarestaurant Wallberg, Wallbergstraße 32,
83700 Rottach-Egern,
Tel. 0 80 22/68 00, www.
wallberg-restaurant.de

6 Alm, Berg und See

Die Seilbahn – und nur mit ihr kommt man zur Schliersbergalm – führt in genau vier Minuten zur Bergstation in 1061 Metern Höhe. Ein paar Schritte weiter ist dann einiges anzutreffen: eine 950 Meter lange Sommerrodelbahn etwa und ein beheiztes Schwimmbad. Aber eben auch ein Biergarten, der beste Blicke auf den Schliersee, die Insel Wörth und die umgebenden Berge ermöglicht. Das reicht eigentlich schon, aber ein rustikales Barbecue, Fondue oder Raclette lenken dann doch manchmal davon ab …

Schliersbergalm,
83727 Schliersee,
Tel. 0 80 26/67 23,
www.schliersbergalm.de

7 Königlicher Platz

Manche frühstücken schon auf der Terrasse des wunderbar gelegenen Arabella-Alpenhotels am Spitzingsee. Denn ab 12.00 Uhr kann es manchmal schon etwas schwierig werden, ein Plätzchen auf der König- Ludwig-Terrasse zu ergattern. Dann kommt die Sonne über den Berg und taucht den See und die 1683 Meter hohe Brecherspitze ins rechte Licht. Kenner bestellen deshalb gern einen Terrassentisch in der Osteria l'Oliva (Abb.), die – gleich nebenan – den gleichen königlichen Blick bietet.

Arabella Alpenhotel,
Seeweg 7, 83727 Schliersee-Spitzingsee,
Tel. 0 80 26/79 80, www.
arabella-alpenhotel.com

8 Promis hin oder her

Auf dem Teller lachen geröstete Scampi mit Chili und Kräutern, die Luft ist lau, die Sonne sagt gerade auf Wiedersehen, und das Wasser des Starnberger Sees scheint schon zu schlafen: Es plätschert nicht einmal mehr … Auf der Terrasse beim Häring, die nur durch ein paar Meter Wiese vom Ufer getrennt ist, blickt man in aller Ruhe über den See hinüber aufs Ostufer und bemerkt nicht einmal, wenn am Nebentisch gerade Heiner Lauterbach oder Edmund Stoiber Platz genommen haben …

Wirtschaft zum Häring,
Midgardstraße 3, 82327 Tutzing, Tel. 08158/1216,
www.haering-wirtschaft.de

Maßstab 1:200.000
0
2
4km
Vilgertshofen
Dießen am Ammersee
Fuchstal
Denklingen
Reichling
Schongau
Peiting
Hohenpeißenberg
Peißenberg
Weilheim in Oberbayern
Wessobrunn
Wielenbach
Polling
Hugling
Rottenbuch
Steingaden
Wildsteig
Bernbeuren
Lechbruck am See
Burggen
Bad Bayersoien
Saulgrub
Bad Kohlgrub
Murnau am Staffelsee
Seehausen am Staffelsee
Uffing am Staffelsee
Unterammergau
Oberammergau
Oberau
Farchant
Garmisch-Partenkirchen
Grainau
Halblech
Füssen
Schwangau
Pinswang
Pflach
Breitenwang
Reutte
Altenstadt
Schwabsoien
Hohenfurch
Apfeldorf
Rott
Raisting
Pähl
Böbing
Trauchgau
Ettal
Ammergebirge
Naturschutzgebiet
Ammergauer Alpen
Pfaffenwinkel
Romantische Straße
Deutsche Alpenstraße
Sisi-Straße
Forggensee
Staffelsee
Ammersee
1
2
3
4
5
6

Zwischen den Flüssen

Gottes liebevoller Segen muss im Spiel gewesen sein, als der Pfaffenwinkel zwischen Lech und Loisach so formvollendet geschaffen wurde. Alle Herrlichkeit auf Erden beanspruchen lokale Marketingstrategen dann auch ganz unbescheiden für ihre Region.

1 Schongau

So könnte es im Mittelalter ausgesehen haben, denken viele, die durch den Altstadtkern bummeln. Schongau (12 200 Ew.) wurde im 13. Jh. am Westufer des Lechs angelegt und profitierte von seiner lage als Knotenpunkt an der Handelsroute Venedig–Augsburg.

SEHENSWERT

Das Steilufer des Lechs einerseits und die Mauern, Türme, Toren sowie der begehbare Wehrgang andererseits geben der mittelalterlichen **Altstadt** ihr ganz eigenes Flair. Hervorzuheben sind das gotische **Ballenhaus** (um 1500) am Marienplatz, die ab 1750 von Dominikus Zimmermann barockisierte **Stadtpfarrkirche Mariä Himmelfahrt** sowie, etwas außerhalb gelegenen, die einzige vollständig erhaltene romanische Basilika Oberbayerns in Altenstadt: **St. Michael** ist bekannt für das mächtige Kruzifix „Der Große Gott von Altenstadt".

MUSEEN

Die einstige Spitalkirche St. Erasmus (14. Jh.) dient heute als **Stadtmuseum** (Christophstraße 55, Tel. 0 88 61/21 41 51; www.schongau.de/Museum.109.0.html; Mi., Sa., So. und Fei. 14.00–17.00 Uhr). „Hänsel und Gretel" (Hans und Gretl Schmid) haben den mittlerweile um einen Tierpark erweiterten **Schongauer Märchenwald** gegründet (Dießener Straße 6, Tel. 0 88 61 / 75 27, www.schongauer-maerchenwald.de; Kernöffnungszeiten tgl. 10.00–17.00 Uhr).

VERANSTALTUNG

Mitte September lockt das **Schongauer Volksfest** die Besucher an.

HOTEL UND RESTAURANT

Die € **Alte Post** ist eine Traditionsadresse (Marienplatz 19, 86956 Schongau, Tel. 0 88 61/ 2 32 00, www.altepost-schongau.de).
Im €€ **Holl** gibt's regionale Spezialitäten und einen kleinen Biergarten (Altenstädter Straße 39, 86956 Schongau, Tel. 0 88 61/2 33 10, www.hotel-holl-schongau.de).

UMGEBUNG

Auch ein Abstecher nach **Hohenfurch** (nördl.) in die dortige Pfarrkirche mit ihren hohen Fenstern, der Stuck-Kanzel und gotischer Muttergottes von 1420 lohnt sich. **Peiting** ist bekannt für seine Krypta in der Pfarrkirche und den Blick vom Kalvarienberg auf die umgebende Moränenlandschaft. Am Schützenhaus des Bergs beginnt ein für Familien interessanter Walderlebnispfad.

Oben: Unter der Tasso-Linde bei Wessobrunn hatte der Herzog seine Vision. Rechts oben: „Der Gott von Altenstadt". Darunter: Die Ammerhöhlen bei Peiting sind ein Relikt der (auch „Würmeiszeit" genannten) letzten Eiszeit.

INFORMATION

Tourist-Information, Münzstraße 1, 86956 Schongau, Tel. 0 88 61/21 41 81, www.schongau.de

2 Wessobrunn

Was ist bekannter? Das Kloster, die Schule, das Gebet? Ein Besuch lohnt sich immer …

SEHENSWERT

Von dem im Jahr 753 gegründeten **Kloster** verblieben nur die Brunnen, von der mittelalterlichen Anlage ein freistehender „Grauer Herzog" genannter Glockenturm (um 1250), und vom barocken Neubau des 17. und 18 Jh. der sogenannte Fürstentrakt mit reichlich Stuck. Tassilosaal und Treppenaufgang wurden gegen Ende des 17. Jh.s maßgeblich von Johann Schmuzer geplant. Er gilt als Gründer der **Wessobrunner Schule**, die sich vor allem dem Stuckatorenhandwerk verschrieben hatte und ganz Mitteleuropa beinflusste (u. a. die Künstlerfamilien Feichtmayr, Schmuzer, Zimmermann, Üblhör). Die anschließende, ab 1757 barockisierte **Pfarrkirche St. Johann Baptist** ist ein weiteres Beispiel Wessobrunner Könnens. Das **Wessobrunner Gebet**, in einen Steinblock in der Ortsmitte gemeißelt, gilt als ältestes Sprachdenkmal in Deutschland (um 800).

HOTEL

€ **Zum Eibenwald** ist ein schöner Landgasthof, benannt nach einem nahen Eibenwald mit 500 Jahre alten Bäumen (Peißenberger Straße 11, 82405 Wessobrunn-Paterzell, Tel. 0 88 09/ 9 20 40, www.landgasthof-eiben wald.de).

INFORMATION

Gemeindeverwaltung, Zöpfstraße 1, 82405 Wessobrunn, Tel. 0 88 09/3 13 00, www.wessobrunn.de

Oben: Barocker Überschwang auch im Detail – in Rottenbuch. Rechts: Die Ammerschlucht unter der Echelsbacher Brücke.

3 Weilheim

Der Ortskern der Kreistadt (22 000 Ew.) ist mittelalterlich geprägt, die Fußgängerzone gibt sich modern. Weilheim war schon zu Römerzeiten Siedlungsplatz; hier verlief die Römerstraße nach Augsburg.

SEHENSWERT/MUSEUM

Am **Marienplatz** lagen einst die Getreidespeicher. Der Platz wird von der **Pfarrkirche Mariä Himmelfahrt** (um 1625) beherrscht, in der es eine „Beweinung Christi" (1799) von Martin Knoller zu bewundern gibt. Das **Pfaffenwinkelmuseum** im Alten Rathaus zeigt vorwiegend Werke Weilheimer Künstler von der Spätgotik bis zum Rokoko (Marienplatz 1, Tel. 08 81/68 20; Di.–So. 10.00–12.00 und 14.00–17.00 Uhr).

VERANSTALTUNGEN

Die **Konzerte** im barocken Bibliothekssaal des ehem. Augustiner-Chorherrenstifts Polling (südl.) sind ein Genuss (Programm bei der Gemeindeverwaltung, Tel. 08 81/10 01, www.polling.de; Karten unter www.hoertnagel.de).

INFORMATION

Tourist-Information, Admiral-Hipper-Straße 20, 82362 Weilheim, Tel. 08 81 / 68 21 28, www.weilheim.de

4 Peißenberg

Vom 16. Jh. bis 1971 wurde am Peißenberg (12 500 Ew.) Kohle abgebaut – gut 32 Mio. Tonnen förderte man in den letzten 150 Jahren.

SEHENSWERT/MUSEUM

Die **Wallfahrtskirche Maria Aich** (um 1630), die **St.-Georgs-Kapelle** (Urspr. 14. Jh.) mit seltenem gotischen Freskenzyklus zur Georgslegende und die moderne **Knappengedächtnis-Kapelle** sind die wichtigsten Gotteshäuser. Dazu kommen auf dem Land die vielen Feldkapellen und am Berg die **Wallfahrtskirche Mariä Himmelfahrt** aus dem 16. Jh. mit einer imposanten Gnadenkapelle für die wundertätige Madonna. Der Blick vom **Hohen Peißenberg** (988 m) über Weiden, Wälder, ein Dutzend Seen und zur Alpenkette ist beeindruckend.

Das **Bergbaumuseum** mit Naturstollen ist den intensiven Bergbaujahren gewidmet (Am Tiefstollen 2, Tel. 0 88 03/51 02; 1. und 3. So. im Monat 13.30–16.30, Mitte Mai–Mitte Sept. auch Mi. 13.30–16.30 Uhr).

HOTEL

Im **€ / €€ Gasthof zur Post** war schon König Ludwig II. zu Gast (Ludwigstraße 1, 82380 Peißenberg, Tel. 0 88 03/8 42, www.gasthofpost-peissen berg.de).

INFORMATION

Tourismusverein, Rathaus, Hauptstraße 77, 82380 Peißenberg, Tel. 0 88 03/69 01 47, www.peissenberg.de

5 Rottenbuch

Unten das Ammertal, im Süden die Alpen, und auf dem Hügel thront auf bis zu 868 m das 1800-Ew.-Dorf, das seinen Ursprung in einer Siedlung des 1073 gegründeten Chorherrenstifts hat.

SEHENSWERT

Die von Wessobrunner Künstlern ausgestattete **Stiftskirche** (15. Jh.) des 1803 aufgehobenen und abgebrochenen Augustiner-Chorherrenstifts zeigt, dass verschiedene Stilarten auch ein einheitliches Ganzes ergeben können. Sehr schön ist ein Spaziergang am Ammerhochufer.

VERANSTALTUNG

Im Herbst findet seit 1558 der größte **Kaltblut-Fohlenmarkt** Deutschlands statt (Termin bei der Tourist-Information).

AKTIVITÄTEN

Für **Kajakfahrer** ist die Ammer ein ideales Gewässer, allerdings in erster Linie für Könner. Das Fahren ist von Mai bis Nov. erlaubt.

HOTEL UND RESTAURANT

Wellness mit Blick auf griechisch-römische Freskenmalerei, im Garten ein Neuschwanstein-Modell und eine FKK-Wiese, bietet die **€€ Moosbeck Alm** (Moos 38, 82401 Rottenbuch, Tel. 0 88 67/9 12 00, www.moosbeck-alm.de). Im **€€€€ Parkhotel Bayersoien** gibt es die für Bayersoien typischen dickbreiigen Moorpackungen im Spa (Am Kurpark 1, 82435 Bad Bayersoien, Tel. 0 88 45/120, www.parkhotel-bayersoien.de). Eigene Metzgerei und der Chef selbst am Herd – der **€ / €€ Gasthof Haslacher** ist einen kleinen Ausflug wert (Peißenberger Straße 20, 82389 Böbing, Tel. 0 88 67/3 03, www.gasthof-haslacher.de). Bayerisch, gemütlich und gut speist man im **€ / €€ Fischerwirt am See** (Dorfstraße 85, Bad Bayersoien, Tel. 0 88 45/70 38 50).

UMGEBUNG

Bad Bayersoien bekam seinen Status für sein 8000 Jahre altes Bergkiefernhochmoor. Der Soiener Moorsee ist von einem Rundweg umgeben. Es darf gebadet, geangelt und gerudert werden (Bootsverleih am Fischerhäusl, Tel. 0 88 45/7 57 23 38). Zwischen Rottenbuch und Bayersoien überspannt seit 1929 die 183 m lange **Echelsbacher Brücke** die 76 m tiefe Ammerschlucht.

INFORMATION

Tourist-Information, Klosterhof 42, 82401 Rottenbuch, Tel. 0 88 67/91 10 18, www.rottenbuch-boebing.de; Kur- und Tourist-Information, Dorfstraße 45, 82435 Bad Bayersoien, Tel. 0 88 45/7 03 06 20, www.ammer gauer-alpen.de/bad-bayersoien

6 Steingaden

Der Erholungsort (2750 Ew.) geht auf die Siedlung des 1147 gegründeten und 1803 aufgehobenen Prämonstratenserklosters zurück.

SEHENSWERT

Vom Kloster blieb nur ein romanischer Kreuzgang und die **Welfenmünster** genannte heutige Pfarrkirche; der urspr. romanische Bau wurde um das Jahr 1740 von Johann Xaver Schmuzer in ein Rokokoschmuckstück verwandelt. Steingadens Juwel aber ist die **Wieskirche** TOPZIEL (1745–1754; UNESCO-Welterbestätte) im perfekten Rokoko-Gewand und nicht zuletzt eine bedeutende Wallfahrtsstätte: 1738 sah die Bäuerin Maria Lori in den Augen einer Figur, die den leidenden Jesus an der Geißelsäule

Tipp

Heißluftballon

Heißluftballonfahren kann ganz schön laut sein, wenn der Brenner für den Auftrieb die Luft anheizt. Fährt man ohne Brenner, sind nur noch der Wind und das Knarzen des Korbes zu hören: sicher die schönste Art, in die Luft zu gehen, um eine Landschaft von oben in voller Breite genießen zu können.

INFORMATION

Ballonfahrten Dagobert Neumaier, Am Betberg 20, 82362 Weilheim, Tel. 08 81 / 47 30, www.ballooning-reichart.de

darstellt, Tränen. Wegen der immer zahlreicher werdenden Pilger beauftragte der Steingadener Abt Hyazinth den Baumeister Dominikus Zimmermann für die Wallfahrer sein Meisterwerk zu errichten; die Fresken stammen überwiegend von seinem Bruder Johann Baptist (www.wieskirche.de; tgl. 8.00–20.00 im Sommer, im Winter nur bis 17.00 Uhr).

EINKAUFEN

Walnussstückchen in aus Heumilch gemachtem Käse, das ist der Schönegger Nussknacker von der Schönegger Käse-Alm (Steinwies 20, Prem südl. Lechbruck, Tel. 0 88 62/9 80 10, www.schoenegger.com).

RESTAURANT

Günstig und gut isst man im **€ / €€ Gasthof Graf** (Schongauer Straße 15, Steingaden, Tel. 0 88 62/2 46, www.gasthof-graf.de).

VERANSTALTUNGEN

Festlicher Sommer in der Wies nennt sich eine besuchenswerte Konzertreihe (www.wieskonzerte.de).

UMGEBUNG

In jedem Fall einen Tagesausflug wert ist 20 km weiter das Märchenschloss **Neuschwanstein** **TOPZIEL**. Besichtigungen sind nur im Rahmen von halbstündigen Führungen möglich; wegen des großen Andrangs empfiehlt sich zumindest in den Sommermonaten die Kartenreservierung gegen einen kleinen Aufpreis. Seit August 2016 werden auch kindgerechte Familienführungen angeboten. Man muss seine Eintrittskarte kaufen, bevor der rund 30 Minuten lange Fußweg zum Schloss hinauf angetreten wird. Alternativ kann man gegen Gebühr mit der Pferdekutsche (ab dem Hotel Müller, in Sichtweite zum Ticket-Center) fahren. Eintrittskarten erhalten Besucher nur im Ticket-Center im Ort Hohenschwangau (Alpseestraße 12, Tel. 0 83 62/ 93 08 30, www.ticket-centerhohenschwangau.de). Zu den besten Fotostandorten gehört die nach umfänglichen Restaurierungsarbeiten seit 2016 wieder zugängliche Marienbrücke über die Pöllatschlucht, rund 500 m vom Schloss entfernt; König Ludwig II. ließ sie im Jahr 1867 als Geburtstagsgeschenk für seine bergsteigende Verlobte Marie errichten (www.neuschwanstein.de; April–Okt. tgl. 9.00–18.00, sonst tgl. 10.00–16.00 Uhr).

Auch das von Neuschwanstein in Sichtweite liegende **Schloss Hohenschwangau** lohnt den Besuch. Im 12. Jh. war es ein Zentrum des Minnesangs. 1833 veranlasste der spätere bayerische König Maximilian II. die neugotische Erneuerung des Baus, in dem Ludwig II. einen Großteil seiner Kindheit verbrachte. Die Innenräume sind im Geist der Romantik mit Wandgemälden und Themen aus mittelalterlichen Legenden ausgestattet (Tickets und Öffnungszeiten wie Neuschwanstein).

INFORMATION

Tourist-Information, Krankenhausstraße 1, 86989 Steingaden, Tel. 0 88 62/2 00, www.steingaden.de

Genießen Erleben Erfahren

DuMont Aktiv

Wandern mit Dr. Faustus

Lübeck und München, die Schweiz und die USA – das waren Wohnorte von Thomas Mann. Aber was hatte er mit dem Pfaffenwinkel zu tun? In den Jahren 1906 bis 1923 lebte am Pollinger Kirchplatz seine Mutter Julia, die er immer wieder gern besuchte. Und es wohnte dort in den Jahren 1912 bis 1930 auch ein gewisser Dr. Adrian Leverkühn, Protagonist des Mann'schen Romans „Doktor Faustus".

Fünf Kilometer lang ist der Pollinger Wanderweg, der dem 1947 in den USA vollendeten Spätwerk Thomas Manns gewidmet wurde. Gedanklich ist „Doktor Faustus" freilich schon viel früher entstanden: „Polling hatte Atmosphäre", vertraute Thomas seinem jüngeren Bruder Viktor kurz vor der Drucklegung des Buchs an und schwelgte in Erinnerungen: „Weißt Du noch: unser altes Wohnzimmer?"

An 13 Stationen kommt der literarisch interessierte Wanderer Polling (bzw. Pfeiffering, so der literarische Name), seiner Umgebung und dem „Doktor Faustus" näher. Unterwegs wird er mit Informationen zu dem Roman versorgt und kann sich durch „wegweisende" Zitate aus dem Buch in die Welt des Komponisten Adrian Leverkühn entführen lassen. Thomas Manns Sprachgenie ist selbst in Auszügen ein Genuss: „Ich halte die Religion nicht für das adäquateste Mittel", [die altertümlich-volkstümliche Schicht] „unter Verschluss zu halten. Dazu hilft meiner Meinung nach allein die Literatur, die humanistische Wissenschaft, das Ideal des freien und schönen Menschen ..." (Tafel 1).

Weitere Informationen

Der 5 km lange Rundweg ist einfach und ohne große Schwierigkeiten zu meistern. Er beginnt und endet am Pollinger Kirchplatz. Einen Vorgeschmack vermittelt die Internetseite www.pfaffen-winkel.de/de/dr-faustus-weg-in-polling-5-km. Informationen bei der Gemeindeverwaltung Polling, Kirchplatz 11, 82398 Polling, Tel. 08 81 / 9 39 00, www.polling.de.

Die Badewanne der Metropole

Zwischen dem Starnberger See mit seinen Millionärsvillen und dem bäuerlich-bürgerlichen Ammersee liegen die drei kleineren Pilsen-, Wesslinger und Wörthsee. Wobei der Name „Fünf-Seen-Land“ eine Untertreibung ist. „Fünfzig-Seen-Land“ käme der Sache schon näher. Denn zwischen all den sanften Hügeln und satten Wiesen finden sich noch zahllose Weiher – und geheimnisvolle Energieplätze.

Hier sind die Kapitäne unter sich – Segeln auf dem Starnberger See, (nicht nur) für Münchner Stadtflüchtige ein ideales Revier.

Oben: Gegen Abend wird es stiller auf dem Starnberger See – hier bei Ambach. Unten: Wenn Tagsüber jedoch, wenn das Wetter mitspielt, verwandelt sich der See in eine geräumige Badewanne – jede Menge Wasserspaß wie hier nördlich von Seeshaupt inklusive.

So idyllisch das hier in Dießen am Ammersee auch anmutet: Die seit Jahren wachsende Gänsepopulation im Fünf-Seen-Land entwickelt sich zunehmend zum (Verschmutzungs-)Problem.

Sie liegt da wie ein Kunstwerk, splitterfasernackt am Kieselstrand. Sie tankt Sonne, genießt die Natur. Es ist Kaiserwetter, Sommer eben im Fünf-Seen-Land. Die Berge sind so nah. Der Duft von Blumen liegt in der Luft. Auch der Wald scheint zu atmen. Und der Starnberger See plätschert vor sich hin. „A Nackerte", schallt es durch die Stille. Eine Schulklasse naht, die Frau bedeckt sich. Die Jugendlichen kommen vom wenige Meter entfernten Holzkreuz, das bei Berg an den wahrscheinlichen Suizid Ludwigs II. erinnert. „Dass der net schwimma hat kenna?", wundert sich einer. „Schee bleed", lautet die prompte Antwort. Das bleibt also übrig, nach einer Ortsbesichtigung, von einem Märchenkönig, der sich unverstanden fühlte, entmündigt wurde – und der nun als Dummkopf verunglimpft wird. Berg am Starnberger See, Geburtsort des Schriftstellers Oskar Maria Graf, war der letzte Aufenthaltsort Ludwigs II.; am 13. Juni 1886 ging er dort, im seinerzeit noch „Würmsee" genannten See, drei Tage nach seiner Entmündigung in den Tod. – Wahrscheinlich, muss man betonen, denn die genauen Umstände sind bis heute nicht geklärt.

In Bayern ist vieles anders

An diesem schönen See mit Trinkwasserqualität – der Badewanne der Münchner – ist manches nicht geklärt. Wie kommt es zum Beispiel, dass ein Viertel des Ufers nicht öffentlich zugänglich ist, weil in privater Hand von Fabrikanten, Fernsehgrößen oder Fußballspielern, die sich zum Training zuweilen vom Helikopter abholen lassen? Steht in der Verfassung des Freistaats Bayern – Artikel 141, Absatz 3 – nicht klar und deutlich: „Staat und Gemeinde sind berechtigt und verpflichtet, der Allgemeinheit die Zugänge zu Bergen, Seen, Flüssen und sonstigen landschaftlichen Schönheiten freizuhalten"?

Der Starnberger See war halt immer ein Fürstensee. Und Fürsten wie Großkopferte hatten und haben schon immer Privilegien – nicht nur in Bayern. Neun Schlösser – in Starnberg, Possenhofen, Feldafing, Tutzing, Bernried, Münsing und drei in Berg – dokumentieren eine hohe Dichte blauen Bluts. Kaiserin Sisi fuhr immer wieder in das heimatliche Possenhofen. Auf der vor Feldafing liegenden Roseninsel, der einzigen Insel des Sees, traf sie sich öfter mit ihrem Cousin Ludwig II., der ihr Gedichte vortrug.

Serienkrimis und Staus

Heutzutage geht es weniger lyrisch zu. Die Seevillen dienen als Kulisse für Serienkrimis. Starnberg hat statistisch eines der höchsten Prokopfeinkommen in Deutschland. Und an Spitzentagen im

Herrschaftlich zurückgezogen geht es auf der Roseninsel und im Park des Schlosses Ammerland zu (oben). Am Puls des Lebens fühlt man sich dagegen beispielsweise in Tutzing, wo die Schiffsausflügler ein Biergarten erwartet (unten).

Sommer strömen um die 100 000 weniger Gutbetuchte an die Gestade. Sie parken jeden Zipfel der Uferstraße zu. Vorwiegendes Kfz-Kennzeichen: M für München. Es gibt Spötter, die sagen, in einem Juni des 21. Jahrhunderts hätte König Ludwig gar nicht im See ertrinken können. Denn über die vielen Surfbretter, Segelboote und Ruderkähne hinweg hätte er locker trockenen Fußes das andere Ufer bei Possenhofen erreicht ...

Vom Ammersee ...

Am Ammersee sind am Wochenende die M's nicht mehr so deutlich in der Überzahl. Das liegt weniger daran, dass der Ammersee „Bauernsee" genannt wird, sondern am häufig nicht einfachen See-

Am Ammersee gibt es keine Allüren.

zugang. Verschilfung und Verlandung erfreuen zwar die Vögel, nicht aber die Badegäste. Man rechnet damit, dass der vor etwa 14 000 Jahren entstandene Ammersee in ungefähr 20 000 Jahren völlig verlandet sein wird.

Am Ammersee gibt es keine Allüren. Die schmucken Höfe verströmen Stallgeruch, Fischer, Forstwirte oder Handwerker verrichten ihr Tagwerk, und der Arbeiterschriftsteller Bert Brecht fuhr einst mit den sogenannten Badezügen von Augsburg an den Ammersee. Eine Weile wohnte er sogar in Schondorf und Utting. Dort schrieb er Szenen der „Dreigroschenoper", was den Uttingern aber ziemlich egal zu sein scheint: Es gibt kein Schild, keinen Hinweis, nichts.

Am Bauernsee ist einfach vieles normal geblieben. Pärchen verlustieren sich auf den Bänken, Kinder schlecken Eis, und die Oma schaut stolz zu, wie es ihr Lausbub schafft, flache Kieselsteine übers Wasser springen zu lassen.

... zum Wörthsee

Auch der Wörthsee ist angenehm provinziell. Breite Badestege schützen den

Auch der Fohnsee in der Nähe von Iffeldorf gehört zu den Osterseen.

Kirchturm vor Alpenkulisse: Im Hinterland des Starnberger Sees – beispielsweise hier in Münsing – geht es gleich viel ruhiger zu als an dessen Gestaden.

Laut bimmeln und still warten soll, wer zur Roseninsel im Starnberger See übersetzen will.

Die schilfigen Ufer vieler – das Gütesiegel „Bayerns schönste Biotope" tragenden – Osterseen bieten einer ruhebedürftigen Tierwelt ideale Rückzugsgebiete.

Geotop

Special

Osterseen

Wenige Kilometer südlich vom Starnberger See finden sich versteckt echte Seejuwelen. Die 24 Osterseen bieten an flachen Stellen Wasserfarben von hellgrün bis türkis. Tausend Hektar, rund ein Drittel davon Wasserfläche, sind seit 1981 Naturschutzgebiet, inklusive fünf Inseln, einer urwüchsigen Moorlandschaft, dichtem Mischwald sowie vielen seltenen Pflanzen und Tieren. Baden ist streng reglementiert und nur an jeweils zwei Stellen des Großen Ostersees (Zugang über Staltach) und des Fohnsees (von Iffeldorf aus) erlaubt. Das Südufer des Fohnsees ist „geduldetes FKK-Gelände". Wenn zuweilen Kühe dort weiden, ergibt sich ein an Deix-Karikaturen erinnerndes Bild aus blanken Hintern, geflecktem Vieh und farbenfrohen Sonnenschirmchen. Der markierte, rund 13 Kilometer lange Wanderweg führt an 19 Seen entlang.

Schilfgürtel und lassen Baderatten trotzdem nicht im Trockenen stehen. Der Paradieswinkel am Südende verdient diese Bezeichnung, und zur Mausinsel in der Seemitte kann man schwimmen.

„Wörth" bedeutete ursprünglich Insel. Aber leider: Man darf sie nicht betreten. Sie ist in Privatbesitz, was wie die Ausnahme wirkt, welche die Regel bestimmt. Denn Starnberger Verhältnisse herrschen am kleinen Wörthsee keine.

Gebündelte Energie

Ein ähnliches Bild vermittelt auch der Pilsensee – doch der hat ein Geheimnis. Er liegt auf einer imaginären Linie vom Münchner Dom zum Kloster Wessobrunn. Schloss Fürstenried am Stadtrand von München, heute ein Exerzitienhaus der katholischen Kirche, die keltische Viereckanlage bei Buchendorf, das Grab der Seherin von Mühltal bei Starnberg und Kloster Andechs liegen auf dieser Linie. Alle diese Orte haben ein großes Energiepotenzial und bilden eine Energielinie. Jutta Merkel, Reiki-Meisterin mit Wohnort in Seefeld am Pilsensee und in Energiefragen jenseits von elektrischem Strom und Kohlekraft bestens beschlagen, sagt: „Diese Orte sind uralte Energie- oder Kraftplätze. Klerus und Adel wussten sie seit jeher sinnvoll für ihre Zwecke einzusetzen." Der Begriff „Reiki" stammt aus dem Japanischen. Rei heißt universell, Ki Lebensenergie, und zusammen steht Reiki für eine Methode des geistigen Heilens durch Energie.

„Kapellen, Kirchen und Schlösser thronen meistens erhaben auf Hügeln und bündeln Energie", ergänzt Jutta Merkel. Jeder kann solche Energieplätze wahrnehmen, kann solche Erdkräfte spüren, meint die Seefelderin, deren Familie vom Ammersee stammt und die dem Wasser als Urelement der Lebenskraft gewaltige Kräfte zurechnet. „Ich lebe mittendrin im Fünf-Seen-Land", sagt die leidenschaftliche Golferin. Sie ist täglich umgeben von einer wahren Bilderbuchlandschaft, wunderbaren Fairways und dem Urelement Wasser. Wen kann es da groß verwundern, dass sie auch noch im Sternzeichen des Fisches geboren wurde?

Mit der Wünschelrute unterwegs

Eine zweite Energielinie erstreckt sich vom Münchner Dom über die Ritterburg Schwaneck bei Pullach, die Birg, eine keltische Wehranlage bei Schäftlarn, und die Maria-Dank-Kapelle bei Münsing bis zum Kloster Ettal. Noch ein Platz liegt genau auf dieser Linie: die Todesstelle von Ludwig II. bei Berg. Manchmal sieht man dort Menschen, die mit Wünschelruten das Zentrum dieses Kraftortes zu finden versuchen.

Der Ammersee hält reichlich Entfaltungsmöglichkeiten bereit – für Wassersportler (ganz oben: am Ostufer des Sees, oben rechts: in Utting) genauso wie für kulturell Interessierte (oben links: in Schondorf).

Kunst im öffentlichen Raum – hier in Herrsching am Ammersee.

Nach dem Seeaufenthalt gönnt man sich gern einen Steckerlfisch.

Gegen Abend zieht es Wasserratten an Land – und nicht wenige davon in den Biergarten der „Gaststätte Aidenried" am Ammersee.

„Europa ist zweifellos die Wiege der Kultur. Aber man kann nicht sein ganzes Leben in der Wiege verbringen.

Oskar Maria Graf (1894–1967)

Da überrascht es nicht, dass auch die Erdfunkstelle Raisting, die über ihre riesigen Parabolantennen mit den Satelliten im All verbunden ist, genau auf der ersten Linie zwischen Andechs und Wessobrunn liegt. In dem 2000-Einwohner-Dorf treffen Barock und High-Tech wie Lederhose und Laptop sprichwörtlich zusammen. Raisting lag einstmals an einem Knotenpunkt der Römerstraßen Kempten–Salzburg und Augsburg–Brennerpass. Heute hält es die weltweite drahtlose Kommunikation aufrecht.

„Derzeit sind sieben Großantennen im aktiven Einsatz", erklärt Diplom-Ingenieur Gerd Knauth. Sie haben Spiegeldurchmesser von sieben bis zu 50 Metern.

Raisting, das immerhin zu den größten Erdfunkstellen der Welt gehört, wurde im Jahr 1963 von der Deutschen Bundespost in Betrieb genommen. Ob die Wahl dieses Ortes wohl eher betriebswirtschaftliche, technische oder logistische Gründe hatte?

Ein magischer Ort

Doch kehren wir an den Anfang der Geschichte zurück: Vielleicht war es ja nicht nur der rechte Sonnenwinkel, der die junge Frau bewog, den Kaiserwettertag in der Nähe des Holzkreuzes für Ludwig genießen. Vielleicht tankte sie dort nicht nur die Sonnenenergie, sondern auch die Kraft eines magischen Orts.

BAYERN IM KLEINFORMAT

Weihrauch und Bierdunst

Kloster Andechs, von weither sichtbar auf dem „Heiligen Berg" über dem Ostufer des Ammersees gelegen, ist seit mehr als einem halben Jahrtausend ein Ziel für Pilger – und seit vielen Jahren auch für Biergartenfreunde.

Die ehemals gotische Klosterkirche wurde in einen imposanten Rokokobau umgewandelt.

In 177 Metern Höhe über dem Ostufer des Ammersees thront das Kloster, in dem seit dem Jahr 1455 Benediktiner die Wallfahrt auf den „Heiligen Berg" betreuen. Wichtigstes Ziel der 250000 Pilger jährlich ist die Klosterkirche mit dem berühmten Gnadenbild der Muttergottes, den opulenten Fresken – und natürlich das leckere Bier.

Schon lange vor der Klostergründung und dem Bau der Kirche war Andechs ein Wallfahrtsziel. Im 10. Jahrhundert brachte Graf Rasso aus dem Heiligen Land Reliquien mit, Grundstock des Andechser „Heiltumsschatzes" und Grundlage des ehrenvollen Namens „Heiliger Berg". Später beanspruchte Andechs sogar für sich, im Besitz der heiligen Vorhaut Jesu Christi zu sein. Strategisch und spirituell war dieser magisch anmutende Ort schon seit jeher von Bedeutung. Andechs gilt deshalb, neben Altötting, als bedeutendster Wallfahrtsort Bayerns.

Gastfreundschaft wird hier schon seit einem halben Jahrtausend groß geschrieben. Nach der Regel des heiligen Benedikt – „alle Fremden, die kommen, sollen aufgenommen werden wie Christus" – wurden Pilger von den Mönchen verköstigt. Heute sieht das etwas anders aus. Pilger mit religiösen Motiven scheinen besonders an heißen Sommertagen in der Unterzahl zu sein, während jene mit lukullischen Beweggründen die weitläufige Sonnenterrasse bevölkern – mit großem und lautstarkem Hallo. Zwar bleiben oktoberfestähnliche Zustände mit nackten Oberkörpern und blanken Busen auch nach mehreren Maß aus, doch von der Würde eines Klosters ist bei rappelvoller Belagerung, derben Sprüchen und vulgärer Gestik so manches Mal nur noch recht wenig übrig.

Alles, was Oberbayern ausmacht: Bier, Berge, Barock und Religion

Der traditionsreiche „Klostergasthof" gilt als genauso alt wie das Kloster selbst. Als erfolgreiches Wirtschaftsunternehmen kann das Kloster Andechs alle finanziellen Mittel für die Versorgung und den Unterhalt der Abtei St. Bonifaz in München und Andechs selbst aufbringen. Es bekommt keine Zuweisungen aus Kirchensteuermitteln. Das von Mönchen und Mitarbeitern erstellte Leitbild bringt die Unternehmenskultur des Klosterbetriebs auf den Punkt: „Unsere Tradition ist es, fortschrittlich zu sein; unseren Fortschritt verdanken wir einer großen Tradition. Daraus resultiert

Oben: „Ora et labora" (bete und arbeite) lautet das Motto des Benediktinerordens.

Links: Kloster Andechs ist der älteste Wallfahrtsort Bayerns und nach Altötting der zweitgrößte. Gegründet wurde das Kloster 1455 am ehemaligen Stammsitz der Grafen von Andechs.

das Handeln der Klosterschaft, in der Gegenwart die Basis für die Zukunft zu schaffen."

Das Faszinierende an Andechs ist, dass es sich nicht nur um einen Wallfahrts- und Genussort handelt, sondern um Bayern im Kleinformat. Hier findet man alles, was das Land ausmacht: Bier, Berge, Barock und Religion. Die Gegend kommt einer Ideallandschaft gleich, mit Alpenkulisse und Hügeln, üppigem Baumbestand und satten Wiesen. Mensch und Tier fügen sich in diese wunderschöne bucklige Welt ebenso ein wie die krummen Wege und versteckten Dörfer. Über den Dingen steht nur Andechs mit seinem Berg und dem Kloster.

Adressen

Kloster Andechs, Bergstraße 2, 82346 Andechs, Tel. 08152/3760, www.andechs.de
Klostergasthof Andechs, Bergstraße 9, Tel. 08152/93090, www.klostergasthof.de

Maßstab 1:200.000
0 2 4km
LANDSBERG am Lech
Kaufering
Igling
Weil
Penzing
Geltendorf
Türkenfeld
Windach
Schondorf am Ammersee
Utting am Ammersee
Finning
Hofstetten
Pürgen
Schwifting
Eresing
Grafrath
Gilching
Inning am Ammersee
Wörthsee
Weßling
Seefeld
Herrsching am Ammersee
Andechs
Dießen am Ammersee
Ammersee
Pöcking
Feldafing
Tutzing
STARNBERG
Berg
Gauting
Krailling
Gräfelfing
Planegg
Neuried
Pullach im Isartal
Baierbrunn
Straßlach-Dingharting
Schäftlarn
Icking
Egling
Neufahrn
WOLFRATSHAUSEN
GERETSRIED
Eurasburg
Königsdorf
Münsing
Seeshaupt
Bernried
Pähl
Wielenbach
WEILHEIM in Oberbayern
Polling
Peißenberg
Hohenpeißenberg
Peiting
SCHONGAU
Altenstadt
Schwabsoien
Hohenfurch
Apfeldorf
Kinsau
Rott
Wessobrunn
Raisting
Reichling
Vilgertshofen
Denklingen
Fuchstal
Unterdießen
Thaining
Pfaffenwinkel
Starnberger See

Beste Aussicht(en)

Schönste Gewässer und Strandbuchten genießt man im Fünf-Seen-Land, ob vom Radl, vom Ausflugsdampfer, vom Segelboot oder vom Surfbrett aus. Mondäne Villen und geranienbehangene Bauernhöfe, Stege und Biergärten geben den klaren Seen zwischen Starnberg und Dießen ein schönes Gesicht. Abseits davon lohnt ein Ausflug nach Landsberg.

1 Starnberger See

Die Lage des 56,36 km² großen „Fürstensees" zwischen München und dem Alpenkamm ist fantastisch, der Blick gen Süden ein Traum – besonders, wenn der Föhn die Berge optisch ganz nah an den See heranrückt.

Das Buchheim-Museum schmiegt sich bei Bernried ans Westufer des Starnberger Sees. Schon von außen eine architektonische Augenweide, zeigt es im Inneren u.a. eine Sammlung namhafter Expressionisten.

SEHENSWERT

Starnberg ist Namengeber und mit 23 000 Ew. auch Hauptort am See. Das Schloss, ab dem 16. Jh. Sommerresidenz der Bayerischen Herzöge und heute Finanzamt, steht seit dem 11. Jh. erhaben über dem Villenort. Die im Jahr 1770 geweihte Pfarrkirche St. Joseph zeigt einen Rokokoaltar von Ignaz Günther. Auch das „Undosa" sollte man besuchen; so nennt sich die berühmteste Badeanstalt mit Restaurant am See, südlich der Dampferanlegestelle. Ein Ausflug führt nördl. nach **Mühltal** zum „Grab der Seherin", dem größten von 29 keltischen Gräbern auf einem Hügel nahe des Bahnhofs. Ohne Ludwig II. wäre **Berg** (8200 Ew.) wohl noch ein Bauern- und Fischerdorf. Aber mit drei Schlössern, dem nach 1945 wiederhergestellten Schloss Berg (Wittelsbacherbesitz) und den heute privaten Schlössern in **Allmannshausen** und **Kempfenhausen** sowie der Votivkapelle (1900) nebst eisenumfasstem Holzkreuz an jener Stelle, an der „der Kini" zu Tode kam, wurde aus dem Ort ein Sightseeing-Spot mit hoher Villendichte. Der legendäre Sportjournalist Harry Valérien (1923–2012) verbrachte hier seine letzten Lebensjahre. Wer zum Baden nach Berg fährt, meint **Kempfenhausen** mit seinem 70 000 m² großen Erholungsgelände.
Münsing (4100 Ew.) war und ist ein Magnet für Künstler: ob einst für Wilhelm Busch, Rainer Maria Rilke, Frank Wedekind oder heute für Josef Bierbichler und Patrick Süßkind. Im **Schloss Ammerland** (Urspr. 17. Jh., Privatbesitz) lud Graf Pocci im 19. Jh. zur musischen Begegnung. Carl Spitzweg hat dem Ort (2900 Ew.) um 1880 mit seinem Bild „Ankunft in **Seeshaupt**" ein Denkmal gesetzt. Die Lage am Südende des Sees ist so schön wie der Strand bei den Seeseiten.
Ob mit seinem Neorenaissanceschloss (Urspr. 12. und 18. Jh.), das seit 1949 von Benediktinern wieder als Kloster genutzt wird, der Hofmarkskirche (Urspr. 14. Jh.) oder ansehnlichen Holzhäusern: **Bernried** (2200 Ew.) „hat etwas" – auch das schöne Strandbad „An der Mühle". Der Ortsname **Tutzing** (9500 Ew.) wird heutzutage fast synonym für die im barocken Schloss ansässige Evangelische Akademie verwendet, in der regelmäßig Größen aus Kirche, Politik und Wirtschaft Symposien abhalten. Auch die bundesweit bedeutende Akademie für politische Bildung hat ihren Sitz in Tutzing, in der Villa Buchensee. Es gibt zwei Strandbäder und den schönsten Seeblick von oben: von der Ilka-Höhe aus 726 m.
Feldafing (4400 Ew.) steht im Zeichen von Joseph von Lenné. Der preußische Gartenbaudirektor schuf den Landschaftspark und die Gartenanlage auf der **Roseninsel,** wo König Maximilian II. um 1850 eine Villa im pompejanischen Stil erbauen ließ (Fähre Stefan Seerieder und Bernhard Zillner, Tel. 01 51 / 28 74 19 05, www.roseninsel.bayern; Mai–Mitte Okt. tgl. 10.00/11.00–18.00 Uhr). Das Strandbad liegt gleich neben dem Segelklub.
Pöcking (5700 Ew.) ist durch **Possenhofen** (mit dem Strandbad Paradies) bekannt. Im dortigen Schloss (Urspr. 16. Jh., Privatbesitz) wuchs die spätere Kaiserin Elisabeth von Österreich (1837–1898) als Tochter des Herzogs Max Joseph in Bayern auf. „Sisi"-Fans wandeln bis heute schwärmerisch auf ihren Spuren. Wo in den 1950er-Jahren der Verhaltensforscher Konrad Lorenz mit seinen Graugänsen spazieren ging, am Eßsee bei **Seewiesen**, hat das Max-Planck-Institut für Ornithologie noch heute seinen Sitz.

MUSEEN

Das **Buchheim Museum** trägt den Zusatz „Museum der Phantasie". In dem modernen Bau von Günter Behnisch (1999), dem weltbe-

Tipp

Zu den Sternen

Als kleiner Junge wollte er hoch hinaus: Hubschrauberpilot werden. Dann lernte er bei „Dallmayr" und schaffte es als Küchenchef ganz nach oben: Maximilian Moser bekam für seine Kreationen im **Gourmetrestaurant Aubergine** einen ersten Michelin-Stern. Ein Degustationsmenü mit fünf oder sieben Gängen pegelt sich im Schnitt bei zwölf oder 13 Euro pro Gang ein. Ein sehr fairer Preis für exquisite Küchenkunst, deren Konzept sofort einleuchtet: „Es muss einen Helden geben – diesen definieren wir nach Saison und Inspiration. Von diesem Mittelpunkt aus entwickeln wir das Menü, sodass eine stimmige und immer auch etwas überraschende Geschmackskomposition entsteht."

INFORMATION
€€€€ Aubergine, Münchner Straße 17, 82319 Starnberg, Tel. 0 81 51/4 47 02 90, www.vier-jahreszeiten-starnberg.de

rühmten Architekten des Münchner Olympiageländes, ist Heiteres ebenso ausgestellt wie Volkskundliches aus Afrika oder Asien; hinzu kommt die berühmte Expressionistensammlung (Am Hirschgarten 1, Bernried, Tel. 08158/997020, www.buchheimmuseum.de; April bis Okt. Di.–So. und Fei. 10.00–18.00, sonst Di.–So. und Fei. 10.00–17.00 Uhr). Das **Museum Starnberger See** ist ländlicher Lebens- und Arbeitswelt sowie höfischer Schifffahrt gewidmet (Possenhofener Straße 5, Starnberg, Tel. 08151/4477570, www.museum-starnberger-see.de; Di.–So. 10.00–17.00 Uhr).

Oben: Bootshäuser bei Schondorf am Ammersee. Rechts oben: Die Votivkapelle in Berg am Ostufer des Starnberger Sees erinnert an Ludwig II. Darunter: Das breite Lechwehr gehört seit über 600 Jahren zum Stadtbild von Landsberg.

„Der See liegt wie ein silbernes Tablett. Kein Boot scheint darauf zu verrutschen.“

Josef Bierbichler, geb. 1948 in Ambach (Münsing) am Starnberger See

VERANSTALTUNGEN

Am Todestag König Ludwigs II. (13. Juni) oder dem folgenden So. wird in der Votivkapelle in Berg eine **Gedenkmesse** gehalten.

AKTIVITÄTEN

Über **Schiffsausflüge** informiert die Bayerische Seenschifffahrt (Tel. 08151/8061, www.seenschifffahrt.de). **Bootsverleih** für Elektro-, Ruder- oder Tretboote gibt es u. a. in Starnberg, Berg, Münsing, Seeshaupt und Bernried. **Fahrradverleih** haben Starnberg, Bernried und Tutzing. Für **Golfer** ist der Golf-Club Feldafing eine der schönsten Adressen in Oberbayern (Tutzinger Straße 15, Tel. 08157/93340, www.golfclub-feldafing.de).

HOTEL UND RESTAURANT

Idealer Standort zwischen München und Fünf-Seen-Land: €€€/€€€€ **Hotel Vier Jahreszeiten**, 126 Zimmer, Vier-Sterne-plus (Münchner Straße 17, 82319 Starnberg, Tel. 08151/447 01 63, www.vier-jahreszeiten-starnberg.de). Erhaben über dem See und alles in Bio: €€€/€€€€ **Schlossgut Oberambach** (Oberambach 1, 82541 Münsing, Tel. 08177/932400, www.schlossgut.de). Dem Schauspieler und Schriftsteller Josef Bierbichler gehört das €/€€ **Gasthaus Zum Fischmeister** (Seeuferstraße 31, 82541 Ambach, Tel. 08177/533, www.zumfischmeister.com).

INFORMATION

Tourismusverband Starnberger Fünf-Seen-Land, Wittelsbacherstraße 2c, 82319 Starnberg, Tel. 08151/90600, www.sta5.de

2 Ammersee

Die heutige idyllische, 46,6 km² große Sommerfrische des Münchner Ballungsraums ist schon seit jeher bei Künstlern beliebt und entstand ursprünglich aus eiszeitlichen Schmelzgewässern. Im Sommer herrscht hier ein ausgedehnter Segel- und Surfbetrieb.

Tipp

Rasende Kisten

Die Petigars Voiturette, Baujahr 1898 mit 8 PS, und der Rolls Royce S-Ghost, Baujahr 1919 mit unglaublicher 7,5-l-Maschine, waren die Stars bei der letzten **Herkomer-Konkurrenz** in Landsberg. Benannt ist diese nach dem autobegeisterten Maler Sir Hubert von Herkomer (1849–1914), der in den Jahren 1905 bis 1907 mit dem Bayerischen Automobilclub die ersten Tourenwagenrallyes der Welt initiierte. Heute findet die Herkomer-Konkurrenz als Oldtimerrallye für Fahrzeuge, die vor 1930 gebaut wurden, im zweijährigen Turnus statt.

INFORMATION

Stadt Landsberg, Tel. 08191/128397, www.herkomer-konkurrenz.de; nächste Starts 2018, 2020.

SEHENSWERT

Herrsching (10000 Ew.) bietet einen 10 km langen Seeuferweg, Schloss Mühlfeld (Urspr. 16. Jh.), 1889 errichtete Kurparkschlössl sowie auf einem Hügel das Wahrzeichen, die Martinskirche (Urspr. 11. Jh.). Badegäste gehen zum **Seebad Seewinkel**, Bierpilger nehmen einen der Busse (Linien 951 und 958) oder brechen zu Fuß nach **Andechs** TOPZIEL auf. Nach 90 Min. sind sie am berühmten Kloster, wo es Kirchen-, Brauerei-, Brennerei- und Kräutergartenführungen gibt (DuMont-Thema S. 110/111). **Dießen** ist nur wenig kleiner als Herrsching. Als Wichtigstes im Markt gilt der „Dießener Himmel“, die Deckengemälde im Marienmünster; die ehem. Stiftskirche wurde 1739 vollendet und zählt zu den eindrucksvollsten Barockkirchen Süddeutschlands. Zum Baden geht es die Jahnstraße hinunter zum Strandbad. **Utting** (2200 Ew.) war wie die gesamte Region bereits frühgeschichtlicher Siedlungsraum. Daran erinnern die Wallreste einer 100 mal 150 m großen keltischen Viereckanlage in Trapezform aus dem 2. Jh.

MUSEUM

Das **Carl-Orff-Museum** in Dießen (Hofmark 3, www.orff-museum.de; Sa. und So. 14.00–17.00 Uhr) präsentiert Leben und Werk des Komponisten und Musikpädagogen.

AKTIVITÄTEN

Den besten und schönsten Überblick bekommt man an Bord der „Herrsching“ oder „Dießen“. Die beiden Schaufelraddampfer durchpflügen den 16 km langen See und bieten maximal 100 Passagieren ein historisches Ambiente (Bayerische Seenschifffahrt, Tel. 08143/94021, www.seenschifffahrt.de). Bootsverleih für Elektro-, Ruder- oder Tretboote haben Herrsching, Dießen, Utting, Schondorf und Inning. Leihfahrräder gibt's in Herrsching, Andechs und Dießen.

HOTEL UND RESTAURANT

Einen hauseigenen Badesteg hat man nur im €€/€€€ **Ammersee-Hotel** (Summerstraße 32, 82211 Herrsching, Tel. 08152/96870, www.ammersee-hotel.de).
Die €/€€ **Gaststätte Aidenried** glänzt mit seinem Biergarten in bester Lage am See (Seestraße 41, 82396 Fischen, Tel. 08808/524, www.gaststaette-aidenried.de).

UMGEBUNG

Zum Baden geht man in den Paradieswinkel am Südufer des **Wörthsees.** Auf der Mausinsel im See steht ein Schloss aus dem 18. Jh.; das Eiland ist zwar für Besucher nicht zugänglich, aber mit dem Ruderboot vorbeizugleiten lohnt sich. **Seefeld** (7000 Ew.) am **Pilsensee** bietet einen schönen Badeplatz und ein im Lauf seiner Geschichte immer wieder umgestaltetes Schloss (Urspr. um 1300), das hoch über dem Wasser thront (Kunstgewerbe und Antiquitäten im Schlosshof, Bräustüberl und Biergarten). Von München her kommend fährt man durch eine der letzten Eichenalleen Süddeutschlands darauf zu.

Dunkles, warmes Seewasser und Schilfzonen: Der Badestrand **Weßlings** (5200 Ew.) liegt am Ostufer des gleichnamigen Sees, der Pfarrstadl (um 1500) nebst der Kirche Maria Himmelfahrt am Westufer.

INFORMATION
Tourismusverband Ammersee-Lech, Hauptplatz 152, 86899 Landsberg am Lech, Tel. 0 81 91/12 82 47, www.ammerseelech.de

3 Landsberg am Lech

Die Große Kreisstadt mit fast 28 000 Ew. beeindruckt mit ihrem alten Zentrum als „Bayerisches Rothenburg". Im Schatten einer von Heinrich dem Löwen gegründeten herzoglich-bayerischen Grenzburg entstand im 13. Jh. an der hier den Lech überschreitenden Salzstraße die Stadt (Stadtrecht 1320). Im Stadtbild zeigt sich noch heute der – dem Weißen Gold bis ins 17. Jh. zu verdankende – Wohlstand. In der schlossartigen Justizvollzugsanstalt verbüßten Anfang der 1920er-Jahre die Putschisten und späteren Nazis Rudolf Heß, Adolf Hitler und Gregor Strasser ihre „Festungshaft".

SEHENSWERT/MUSEEN
Erhalten blieben **Türme, Tore und Teile der Stadtbefestigung** (überw. 15. Jh.), darunter das 36 m hohe, besteigbare gotische **Bayertor** (1425) und der **Schmalzturm** aus dem 13. Jh. Ein schöner Blick ergibt sich auch vom **Landsberger Jungfernsprung** (14. Jh.), einem Turm der südlichen Stadtmauer. Vom dreieckigen Hauptplatz mit Altem, 1719 von Dominikus Zimmermann stuckierten **Rathaus** und Marienbrunnen (1783) ist es nur ein Katzensprung zu den **Salzstadln** am Fluss; die ehem. Lagerhäuser (14.–18. Jh.) wurden gelungen in Einfamilienhäuser umgewandelt. Dominant erhebt sich die **Heilig-Kreuz-Kirche** über der Stadt, einst eine Jesuitenkirche (18. Jh.). Die **Stadtpfarrkirche Unserer Lieben Frau** aus dem 15. Jh. wurde um 1700 barockisiert. Die ehem. jesuitische Niederlassung (1693) beherbergt heute das **Stadtmuseum** (Von-Helfenstein-Gasse 426, Tel. 0 81 91/12 83 60, www.museum-landsberg.de; Di.–Fr. 14.00–17.00, Sa. So. und Fei. 11.00–17.00 Uhr). Im Mutterturm (1888) erinnert ein **Museum** an den vor allem für seine Porträts bekannten britischen Maler deutscher Herkunft, **Sir Hubert von Herkomer** (Von-Kühlmann-Straße 2, Tel. 0 81 91/12 83 60, www.museum-landsberg.de; Mai–Okt. Di.–So. 11.00 bis 17.00, Nov.–April Sa./So. 11.00–17.00 Uhr).

VERANSTALTUNGEN
Von dem Schauspieler Heiner Lauterbach mitbegründet wurde das jährliche **Snowdance Indepent Filmfestival** (www.snowdance-filmfestival.de). Alle zwei Jahre startet die **Herkomer-Konkurrenz** (siehe Tipp, linke Seite).

INFORMATION
Tourismusverband Ammersee-Lech, Hauptplatz 152, 86899 Landsberg am Lech, Tel. 0 81 91/12 82 47, www.ammerseelech.de

Genießen Erleben Erfahren

DuMont Aktiv

Mit vollen Segeln

Hochseesegler rümpfen über Binnensegler gern die Nase, wenn diese auf ihrer bevorzugten „Pfütze" von einem lauen Lüftchen angeschoben werden. Doch zum Genießen ohne übermäßige sportliche Ambitionen (dafür aber mit Picknick an Bord) und vor allem auch zum Schnuppern, wie das Segeln eigentlich geht, ist der Starnberger See ein ideales Revier.

Josef ist der „Ankermann". Elisabeth holt Fender und Leinen ein, Anton hat das Kommando: „Leinen los!" Langsam füllt der Wind die Segel, die kleine Jacht durchschneidet bayerisch-blaues Wasser. Es geht gen Süden. Die Regeln an Bord sind einfach: 1. Der Kapitän hat immer recht. 2. Sollte er einmal nicht Recht haben, tritt sofort Regel eins in Kraft. Aha, alles klar ...

Auf Höhe der Roseninsel lässt Anton ein Mann-über-Bord-Manöver fahren – das kann man nicht oft genüg üben. „Kämpfe nicht mit der Jacht", empfiehlt er. „Gehe sanft und streng zugleich mit ihr um – wie mit einer Frau." Als der Macho die strafenden Blicke von Elisabeth spürt, lenkt er schnell charmant ein: „Ich hab' doch nur Spaß gemacht! – Aber ihr wisst jetzt, was ich meine, oder?" Die leichte Brise hat etwas aufgefrischt. Anton freut sich. Auf seinem T-Shirt steht ein bedenkenswertes Motto: „Segle mehr, arbeite weniger".

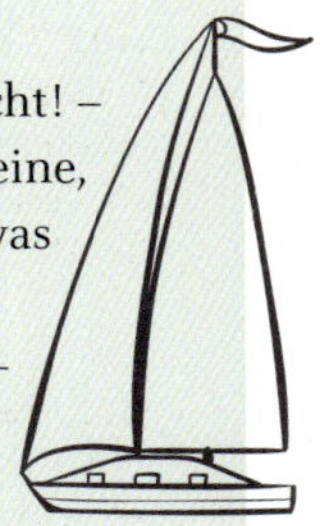

Weitere Informationen

Im Fünf-Seen-Land gibt es diverse Segelschulen, darunter die älteste Binnen-Segelschule Deutschlands, am Ammersee (Dießen und Utting) und fünf am Starnberger See (Bernried, Geretsried, Tutzing und Starnberg; vollständige Anschriften im Internet unter www.sta5.de/reisefuehrer/wasser/wassersport/segeln.html).

Bei mäßigem Wind bleibt Zeit, sich an einen Vers von Philipp Luidl zu erinnern: „Das Wasser blaute / mein schatten ertrank / ich hatte nur einen / du gabst mir deinen / dafür sei dir dank"

Oben: Städte wie Wasserburg haben sich ihr mittelalterliches Antlitz erhalten. Rechts unten: Hierhin kommen letztendlich alle – in den Andechser Biergarten.

Service

Praktische Informationen für die Reise und einiges Wissenswerte über das oberbayerische Land zwischen Lech und Inn haben wir hier für Sie zusammengetragen.

Anreise

München ist für alle, die nicht südlicher wohnen und von dort anreisen, der Ausgangspunkt zu den in diesem Band vorgestellten oberbayerischen Zielen.

Mit dem Auto: München erreicht man von Norden auf der A 9 über Nürnberg, von Westen auf der A 8 über Stuttgart und Augsburg oder über die A 96 über Lindau und von Osten auf der A 92 über Landshut. Ab München sind die wichtigsten Ausfallstraßen die A 8 Richtung Salzburg mit Ausfahrt Holzkirchen fürs Tegernseer Tal, die A 95 und B 13 in Richtung Bad Tölz, die A 95 für das Blaue Land (Ausfahrten Sindelsdorf, Murnau/Kochel oder Eschenlohe) sowie weiter nach Garmisch-Partenkirchen und ins Werdenfelser Land. Auch den Pfaffenwinkel kann man auf der A 95 (Ausfahrt Seeshaupt) oder der B 2 Richtung Weilheim erreichen. Das Fünf-Seen-Land liegt ebenfalls an der A 95 (Ausfahrten Wolfratshausen und Seeshaupt), dem Abzweiger A 952 nach Starnberg und der A 96 Richtung Lindau mit den Ausfahrten Oberpfaffenhofen, Wörthsee und Inning.

Mit dem Bus: Nach München gibt es zahlreiche Verbindungen aus ganz Deutschland. Ebenso viele Weiterfahrten mit Zielen in Oberbayern stehen zur Verfügung. Informationen dazu gibt es im Reisecenter des Zentralen Omnibusbahnhofs (ZOB, 1. Etage, Hackerbrücke 4, 80335 München, Tel. 0 89/45 20 98 92, www.muenchen-zob.de).

Mit dem Flugzeug: Der Flughafen Franz Josef Strauß unterhält zu jedem anderen deutschen Verkehrsflughafen, zum Teil mehrfach tgl., Verbindungen und ist nach Frankfurt/Main die zweite internationale Drehscheibe der Lufthansa. Die S 1 und die S 8 verbinden mit dem Münchner Hauptbahnhof und der Innenstadt.

Mit dem Zug: Es verkehren von allen Großstädten in Deutschland, oft mehrmals tgl., direkte ICE von Berlin, Hamburg, Hannover, Bremen, Köln, Dortmund, Leipzig, Frankfurt/M. und Stuttgart. Auch per Auto-Zug ist München über den Ostbahnhof erreichbar, tgl. von Berlin und Hamburg (www.bahn.de).

Eine Weiterreise per Zug ist an den Tegernsee und Schliersee möglich, nach Bayrischzell, Bad Tölz, Lenggries und Benediktbeuern, Murnau, Oberammergau, Farchant, Garmisch-Partenkirchen, Klais und Mittenwald, Weilheim, Peißenberg und Schongau. Starnberger und Ammersee sind im 20-Min.-Takt per Münchner S-Bahn erreichbar; die S 6 hält in Starnberg, Possenhofen, Feldafing und Tutzing, die S 8 – ab Flughafen über Hauptbahnhof – in Herrsching und Seefeld. Von den Bahnhöfen verkehren in der Regel Busse zu den Dörfern der Umgebung. Sogar die abgeschiedene Jachenau ist per Bus erreichbar, mit der Linie 9595 ab Lenggries. Seinen persönlichen Bahnreiseplan kann man mit Hilfe von www.bayern-fahrplan.de bequem zu Hause anfertigen.

Besonders für Familien ist das Bayern-Ticket interessant: Bis zu 5 Personen reisen damit einen ganzen Tag lang in Nahverkehrszügen, Verkehrsverbünden und in zahlreichen Bussen ab 23 Euro; jeder Mitreisende plus fünf Euro.

Auskunft

Überregional gibt der Tourismusverband München-Oberbayern Informationen heraus (Balanstraße 57, 81541 München, Tel. 089 / 63 89 58 79, www.oberbayern.de).

Die **regionalen** Fremdenverkehrsämter sind in diesem Heft auf den Info-Seiten der jeweiligen Kapitel aufgeführt.

Autotouren

Oberbayern ist ein wunderbares Gebiet für Auto- und Motorradtouren. Unangefochtene Nummer eins ist die **Deutsche Alpenstraße,** die auf rund 500 km von Berchtesgaden an den Bodensee führt. Ein Teilstück ist in diesem Bildatlas als oberbayerische Traumtour (im Käfer) beschrieben (siehe „Unsere Favoriten", S. 48/49). Unter den kurzen Touren lohnen sich die Bergstraßen **Kesselbergstraße** zwischen Kochel- und Walchensee, die **Sudelfeldstraße** oberhalb von Bayrischzell sowie **Seeumrundungen** vom Tegern-, Starnberger und Ammersee. Interessant und gut 100 km lang ist eine Seentour vom Ammersee übers Fünf-Seen-Land, die Osterseen, Staffel- und Riegsee zum Kochel- und Walchensee, Kesselbergstraße inklusive … Machbar ist das an einem Tag, aber wer zwischendurch schwimmen gehen will, der sollte dafür die entsprechende Zeit einplanen. Für Bahn- oder Flugreisende bis München ist ein Mietwagen unbedingt zu empfehlen. Aber auch Autofahrer können ihr Fahrzeug mal für einen Tag oder länger stehen lassen und Oberbayern zum Beispiel per Cabrio erkunden. Auto Europe hat ein flächendeckendes Netz an Vermietstationen in Oberbayern und bietet ein A3-Cabrio für eine Woche ab rund 270 Euro

Links: Schönstes Oberbayern – östlich von Murnau breitet sich der Riegsee aus, mit spätherbstlichen Voralpen als Hintergrund. Unten: Blick über die Alpenvereinshütte Rotwandhaus im Wandergebiet Spitzingse.

an. Ein Kleinwagen kommt für sieben Tage auf etwas mehr als 100 Euro (www.autoeurope.de).

Bergnot

Niemand wünscht es sich, aber es kann passieren, beim Klettern, einer Wanderung, beim Skifahren: Man gerät in Bergnot. In diesem Fall sollte man wissen, dass es das alpine Notsignal gibt. Geben Sie sechsmal in der Minute (alle 10 Sekunden) ein Zeichen durch Rufen oder Pfeifen, bei Dunkelheit mit der Taschenlampe. Die Notsignale sollten in Abständen von einer Minute solange wiederholt werden, bis Rufverbindung mit Helfern hergestellt ist. Wenn Sie bemerkt worden sind, antworten Ihnen die Retter mit einem dreimaligen Zeichen je Minute (alle 20 Sekunden).

Essen und Trinken

Preiskategorien

€€€€	Hauptspeisen	über 20	€
€€€	Hauptspeisen	15–20	€
€€	Hauptspeisen	10–15	€
€	Hauptspeisen	5–10	€

Restaurantempfehlungen stehen im Infoteil der jeweiligen Kapitel.

Der wichtigste Unterschied zum übrigen Deutschland: Neben Frühstück, Mittag- und Abendessen gibt es die **Brotzeit**. Sie kann als zweites Frühstück oder am Nachmittag eingenommen werden, ersetzt aber schon auch mal das Mittag- oder Abendessen. Bei einer Brotzeit ist die Auswahl klar definiert: Käse-, Wurst- und Schinkenplatten, Griebenschmalz- oder Butter- Schnittlauch- Brote und **Obazder** – ein reifer Camembert, der mit Butter, Salz, Pfeffer, Zwiebeln und Paprikapulver angemacht sowie aufs Schwarzbrot gestrichen wird. **Wurstsalat, Fleischpflanzl,** auf Hochdeutsch Frikadelle, **Leberkäs** (der weder etwas mit Leber noch mit Käse zu tun hat), **Schweinswürstl,** auch Wollwürste (ohne Haut), Regensburger, Pfälzer oder Wiener sind Brotzeiten. **Weißwürste** gibt es traditionell nur bis 12.00 Uhr. Dazu, wie auch zum Leberkäs, nimmt man unbedingt süßen Senf. Und immer werden **Brezn** und Brot gereicht – sowie **Bier** natürlich. Mittags darf es auch mal ein **Radler** sein, das zur Hälfte aus Zitronenlimonade besteht. Mit einem Wein zur Brotzeit gibt man sich als „Zugroaster", als Zugereister also, zu erkennen. Geht es um die oberbayerischen Klassiker schlechthin, die knusprige **Schweinshaxn** und den **Schweinsbraten**, ebenfalls nur gut mit einer reschen Kruste, dann beginnen die **großen Mahlzeiten.** Vereinfacht ausgedrückt, besteht das oberbayerische Essen aus viel (Schweine-) Fleisch – und häufig einem Bier dazu. Auch **Hendl** (Hähnchen), **Schnitzel** und **Ripperl** (Kassler) sowie Wildgerichte stehen nahezu auf jeder regional gefärbten Speisekarte. Ist gerade Saison, werden auch gerne **Schwammerl** (Pilze) gegessen. Der Tafelspitz, in Oberbayern auch **Tellerfleisch** genannt, wurde aus Österreich übernommen, das **Kalbsschäuferl** (Schulterbraten) aus Franken, die **Kässpatzn** (Käsespätzle) aus dem Allgäu. **Lüngerl** und **Beuscherl** dürften nicht jedermanns Sache sein: Es handelt sich dabei um nudelähnlich aufgeschnittene Innereien von Herz, Lunge und Milz. An den Seen werden gern **Renke**, **Saibling** und **Forelle** auf die Speisekarten gesetzt – dazu darf dann auch ein Wein getrunken werden.
Unter den Beilagen sind **Semmel-** und **Kartoffelknödel** etwa zu Haxn und Braten, **Kartoffelsalat** zu Leberkäs und Sauerkraut sowie Krautsalat zu Würstl und Braten am beliebtesten. **Reiberdatschi** (Kartoffelpuffer) findet man heutzutage bedauerlicherweise nur noch selten auf den Speisekarten.

Info

Daten & Fakten

Verwaltung: Oberbayern ist mit mehr als 17 500 km² Fläche und rund 4,4 Mio. Ew. der größte der sieben bayerischen Regierungsbezirke (mit 20 Landkreisen sowie den drei kreisfreien Städten München, Ingolstadt und Rosenheim). Er reicht im Norden bis in die Gegend um Ingolstadt, grenzt im Osten bei Landshut an Niederbayern und an der Salzach an Österreich, im Süden ebenfalls an Österreich und im Westen an den Regierungsbezirk Schwaben jenseits des Lechs sowie ans Allgäu. In diesem Bildatlas wird die südliche Hälfte dieses politischen Gebildes beschrieben: die Region südlich von München, das oberbayerische Alpenvorland. Dem Chiemgau und dem Berchtesgadener Land sind jeweils eigene DuMont-Bildatlanten gewidmet.
Landesnatur: Die Bayerischen Alpen sind Teil der Nördlichen Kalkalpen und wurden durch die letzte Eiszeit und deren Gletscher geprägt. Durch sie entstanden Seen und die typischen Talformen. Das nördlich vorgelagerte bayerische Alpenvorland besteht aus flachen und hügeligen Ausläufern. Auch hier haben die Eiszeiten eine Vielzahl abwechslungsreicher Landschaftsformen aus Moränenhügeln, schottrigen Sandern und teils großen Seen hinterlassen. Außerdem entstanden teilweise großflächige, heute meist trockengelegte Moorregionen. Die Flüsse entwässern Richtung Nordosten in die Donau.
Bevölkerung: Etwa 80 % der Bevölkerung gehören der römisch-katholischen Kirche an, 20 % sind Protestanten bzw. in keiner oder einer anderen Glaubensgemeinschaft.
Wirtschaft: Oberbayern ist traditionell bäuerlich geprägt, als Tourismusstandort allerdings mit großem Abstand die Nummer eins in Deutschland. Seine Hauptstadt München gehört zu den wichtigsten Wirtschaftszentren in Europa, hat den siebtgrößten Flughafen europaweit und den zweitgrößten in Deutschland. Der Großraum ist führender High-Tech-Standort der Republik und auch ein wichtiger Medienplatz. Weltkonzerne wie die Münchener Rück, Allianz, Siemens, Linde oder BMW und MAN haben ihren Hauptsitz in der Stadt an der Isar.

Höchste Küchenkunst auf Schloss Elmau (oben) und im Hotel „Das Tegernsee" (rechts): In Oberbayern speist man nicht nur Deftiges.

Traditionell beginnt eine Mahlzeit mit einer deftigen klaren **Fleischbrühe,** etwa mit **Griesnockerl** (Griesklößchen) oder **Leberklößchen** als Einlage, und schließt zum Dessert mit einer **Bayerischen Creme** auf der Basis von Eigelb, Zucker und Sahne, **Dampfnudeln,** ein im Topf gegartes Hefegebäck in Vanillesauce, oder **Zwetschgenpavesen** aus Zwetschgenmus, alten Semmeln, Milch, Eiern, Semmelbröseln, Butterschmalz, Zucker und Zimt.

Feste und Feiertage

Religiöse und politische Feiertage: Neujahr am 1. Januar, Heilige Drei Könige (6. Jan.), Karfreitag, Ostertage, 1. Mai, Christi Himmelfahrt, Pfingsten, Fronleichnam, Maria Himmelfahrt am 15. Aug., 3. Okt., Allerheiligen (1. Nov.), Heiligabend und Weihnachtsfeiertage.
Zum Stichwort Feste gehört auch der **Fasching** im Februar, der sich im öffentlichen Leben weitgehend auf Faschingssonntag bis -diens-

Info

Geschichte

Bis 500 v. Chr.: Kelten wandern ins Alpenvorland ein.
15 v. Chr.: Römer besetzen das Gebiet.
7. Jh.: Irische und schottische Mönche christianisieren das Land.
788: Bayern wird Teil des karolingischen Frankenreichs.
1070: Bayern fällt an die Welfen.
1180: Bayern geht an die Wittelsbacher, nachdem auf dem Reichstag zu Gelnhausen die Reichsacht gegen den Welfenherzog Heinrich den Löwen verfügt wurde.
1314: Ludwig IV., der Baier (1314–1347), wird Deutscher König (und 1328 Kaiser im Heiligen Römischen Reich). Bayern entwickelt sich langsam zur Großmacht in Europa.
1392: Bayerns Großmachtstellung geht zu Ende. Es wird in die Herzogtümer München, Ingolstadt und Landshut aufgeteilt.
16. Jh.: Die Wittelsbacher widersetzen sich der Reformation. München entwickelt sich zu einem Zentrum der Renaissance und der Gegenreformation.
1618–1648: Bayern leidet schwer unter dem Dreißigjährigen Krieg, dazu kommt 1630 die Pest. Um diese abzuwenden, findet 1634 das erste Oberammergauer Passionsspiel statt.
1701–1714: Bayern wird in den Spanischen Erbfolgekrieg verwickelt und in Folge dessen von Österreich besetzt.
1759: Gründung der Bayerischen Akademie der Wissenschaften.
1777: Mit Maximilian III., dem „Vielgeliebten", Kurfürst von Bayern, stirbt der letzte bayerische Wittelsbacher. Die bayerischen Stammlande erben die kurfürstlich-pfälzischen Wittelsbacher.
1803–1815: Bayern verbündet sich mit Napoleon. 1806 wird Bayern Königreich mit Maximilian I. als Regent.
1825: König Maximilian I. stirbt, Ludwig I. wird sein Nachfolger.
1848: König Maximilian II. übernimmt die Krone, nachdem sein Vater Ludwig I. wegen der Affäre mit Lola Montez abdankte – Anstoß erregten beispielsweise große Zuwendungen an die Geliebte des Königs.
1864: Maximilian II. stirbt. „Märchenkönig" Ludwig II. wird sein Nachfolger.
1866: Bayern verliert an der Seite des Deutschen Bundes und damit Österreichs den Krieg gegen Preußen. König Ludwig II. gibt die bayerische Unabhängigkeit auf, unterstützt Preußen im Deutsch-Französischen Krieg 1870 und die Wahl des Preußenkönigs Wilhelm I. zum Deutschen Kaiser.
1869: Baubeginn von Neuschwanstein und Linderhof, 1878 von Herrenchiemsee.
1886: Prinzregent Luitpold übernimmt als Bruder des entmündigten Ludwig II. die Regierungsgeschäfte.
1900: München hat 500 000 Ew. und ist eines der wichtigsten Kunstzentren in Europa.
1913: Nach dem Tod des Prinzregenten 1912 wird sein Sohn als Ludwig III. letzter bayerischer König.
1914–1918: Erster Weltkrieg. Nachdem die Novemberrevolution ein Ende des Kaiserreichs und der Fürstenherrschaft in den deutschen Ländern brachte, verlässt König Ludwig III. für anderthalb Jahre Bayern. Der Freistaat Bayern wird ausgerufen.
1919: Die Münchner Räterepublik wird ausgerufen und kurz danach zerschlagen.
1923: Der Marsch auf die Feldherrnhalle, und damit der Hitlerputsch, scheitert. München bleibt Sitz der NSDAP.
1933: Machtübernahme der NSDAP. In Dachau entsteht noch im selben Jahr das erste Konzentrationslager in Deutschland, 1935 ernennt Hitler München zur „Hauptstadt der Bewegung".
1936: Olympische Winterspiele in Garmisch-Partenkirchen.
1939–1945: Zweiter Weltkrieg. Nach dessem Ende besetzen US-Truppen München und Oberbayern. Zigtausende Heimatvertriebene und Flüchtlinge siedeln sich an.
1946: München wird Hauptstadt des Freistaats Bayern.
1957: München hat eine Million Einwohner.
1972: Olympische Sommerspiele in München.
1992: Eröffnung des neuen Flughafens Franz Josef Strauß im Erdinger Moos.
2006: In München wird das Eröffnungsspiel der 18. Fußball-Weltmeisterschaft und das Halbfinalspiel angepfiffen.
2009: Bei der Bundestagswahl rutscht die Christlich-Soziale-Union unter die 50-Prozentmarke.
2013: In vier Bürgerentscheiden (München und Garmisch-Partenkirchen sowie in den Landkreisen Traunstein und Berchtesgaden) scheitert die Bewerbung für die Olympischen Winterspiele 2022 in Oberbayern.
2015: G7-Gipfel auf Schloss Elmau.
2016: München hat 1,5 Millionen Einwohner.
2017: Die neue Zugspitzseilbahn geht mit drei Weltrekorden in Betrieb: Sie hat die höchste Pendelbahnstütze (127 Meter), den größten Gesamthöhenunterschied (1945 Meter) sowie den längsten Abstand zwischen einer Stütze und der Bergstation (3207 Meter).

tag (vor Aschermittwoch) beschränkt. Traditionell findet der oberbayerische Fasching, abgesehen von den letzten drei heißen Tagen, im Saal beim Ball und nicht auf der Straße mit Umzügen statt. Ausnahmen bestätigen die Regel: Zu den buntesten Umzügen gehören die in Garmisch-Partenkirchen jeweils ab 7. Feb. Sehr lustig ist am Faschingssonntag der Skifasching am Spitzingsee. Am Ostermontag finden vielerorts **Georgiritte** zu Ehren des hl. Georg statt. Am 1. Mai hat das **Maibaumaufstellen** fast überall Tradition. Bis heute darf der Maibaum entwendet werden. Meist geschieht dies von Burschen des Nachbarorts, die mit Brotzeit und Bier entlohnt werden müssen, wenn sie den Maibaum wieder herausgeben. Der Juni steht im Blickpunkt zahlreicher **Fronleichnamsprozessionen**, besonders prächtig ist die Seeprozession am Staffelsee in Seehausen. Ebenso bunt wird der **Almabtrieb** begangen, wenn im Herbst das Wetter schlecht wird, also meist im Okt. Überall in Oberbayern zwischen Ammersee und Zugspitze ehrt man am 6. Nov., dem **Leonhardifest**, den Schutzpatron der Tiere in Landwirtschaft und Haushalten mit prächtig geschmückten Pferden und Kutschen geehrt. Den Jahresschlusspunkt setzen im Dez. vielerorts die **Weihnachtsmärkte**. Besonders stimmungsvoll ist der Tölzer.

Reisezeit

Oberbayern ist eine Region, die man das ganze Jahr über bereisen kann, weil sie auch bei schlechtem Wetter einiges zu bieten hat. Im Allgemeinen ist die Zeit zwischen Ende April und Anf. Okt. wettermäßig recht sicher. Zwischen Mai und Sept. geht man noch weniger Schlechtwetterrisiko ein. Ist Föhn, also ein Tag mit dem berühmten warmen Fallwind aus dem Süden, kann es sogar im Nov. kurzzeitig Frühling werden oder der Dez. ein paar Tage lang tiefblaue Himmel haben.
Die Temperaturunterschiede zwischen Sommer und Winter sind enorm: 30 °C im Juli sind keine Seltenheit, minus 10 °C im Januar aber auch nicht … Die Mittelwerte liegen im Winter um 0 °C, im Frühjahr und Herbst um 10–15 °C und im Sommer um 20–25 °C.

Souvenirs

Andenkenläden in touristischen Zentren sind voller Krimskrams: vom Hut mit Gamsbart über den Schnupftabak bis zu König-Ludwig-Darstellungen. Souvenirs sind etwas sehr Persönliches, ganz nach dem individuellen Geschmack: Dem einen gefällt ein steinerner Maßkrug, der anderen ein Schmankerl-Paket oder einer der im Umfeld der Klöster destillierten Kräuterschnäpse. Ein Dritter nimmt ein echtes Charivari! Das ist eine Schmuckkette zur männlichen Tracht, die aus Silbermünzen und Medaillen, Hornscheiben, Tierpfoten oder Dachsbärten besteht. Sie wurde übrigens traditionell vorm Hosentürl getragen. Passende bayerische Lederhosen, aber auch Trachten, Dirndl oder Loden-Kleidung kauft man auf jeden Fall in entsprechenden Fachgeschäften gut – wenn auch nicht immer günstig – ein.

Sport

Bergsteigen und -wandern: Die Region ist durchzogen von ausgezeichneten Wanderrouten. Interessante Touren und Themenrouten bieten die Tourismusbüros der einzelnen Orte

Info

Zum Weiterlesen …

Wer Oberbayern verstehen will, sollte sich mit **Ludwig Thoma** beschäftigen. Der Urbayer wurde 1867 in Oberammergau geboren und verstarb 1921 in Rottach-Egern. Seine Texte sind mal realistisch, mal satirisch und, obgleich schon rund ein Jahrhundert alt, von einer verblüffenden Zeitlosigkeit. Sie sind lustig, aber mit Verstand erzählt, einfach und dennoch komplex. Als unterhaltsamste Ludwig-Thoma-Lektüre sind die „Lausbubengeschichten" von 1905 zu empfehlen. Darin hält der junge Ludwig sein ganzes oberbayerisches Heimatdorf in Atem. Ob Verwandte oder Honoratioren: Ludwig findet immer den passenden Scherz, der die Figuren entlarvt. Verständnis findet der kleine Lausbub nur bei seinem Patenonkel, dem Landtagsabgeordneten Josef Filser. Das Buch wurde im Jahr 1964 erfolgreich mit Hansi Kraus in der Hauptrolle verfilmt.

Beim Maibaumaufstellen wie hier in der Jachenau, der kleinsten oberbayerischen Gemeinde mit eigener Verwaltung, werden viele Hände gebraucht.

an. Adressen und Webseiten stehen in diesem Bildatlas auf den Infoseiten der einzelnen Kapitel. Aktivitäten in den Bergen sind nicht ohne Risiko; Ungeübte sollten sich organisierten Touren oder Schulen (Garmisch-Partenkirchen, Oberaudorf) anvertrauen.

Golf (und Natur): Eine Übersicht der vom DGV mit Bronze, Silber oder Gold ausgezeichneten bayerischen Anlagen (inklusive Links zu den Clubs) finden Sie hier: www.bayerischer-golfverband.de/golfanlagen/golfundnatur).

Radfahren: Das Alpenvorland ist flacher als mancher denkt. Zwar gibt es kaum längere Touren ganz ohne Steigungen, aber vielerorts geht es recht eben dahin. In nahezu allen Urlaubsorten ist auch der Verleih von Rädern möglich. Eine schöne Auswahl an Touren findet sich unter www.bayregio.de/radtouren.

Wassersport: Die oberbayerischen Seen und Flüsse sind ein Paradies für alle Wasserfreunde. Das Angebot reicht von Naturstrand- und Erlebnisbädern über Bootsverleih, Segel- und Surfschulen bis zu Kajak- und Raftingtouren auf der Isar.

Wintersport: Zentren sind Bad Tölz, Bayrischzell mit Wendelstein und Sudelfeld, Garmisch-Partenkirchen mit der Zugspitze, Lenggries, Mittenwald, Schlier- und Spitzingsee und das Tegernseer Tal mit dem Wallberg. Eisstadien bieten Bad Tölz, Garmisch-Partenkirchen, Mittenwald und Rosenheim.

Unterkunft

Preiskategorien

€€€€	Doppelzimmer	über 200 €
€€€	Doppelzimmer	150–200 €
€€	Doppelzimmer	100–150 €
€	Doppelzimmer	50–100 €

Unterkunftsempfehlungen stehen in diesem DuMont-Bildatlas auf den Infoseiten der jeweiligen Kapitel.

Jugendherbergen gibt einige in der in dieser Ausgabe besprochenen Region, und zwar in Bad Tölz, Bayerischzell, Benediktbeuern, Garmisch-Partenkirchen, Kreuth, Lenggries, Mittenwald, Oberammergau, Possenhofen, Schliersee und Urfeld am Walchensee (Informationen beim Deutschen Jugendherbergswerk, Landesverband Bayern, Mauerkircherstraße 5, 81679 München, Tel. 089/92 20 980, www.jugendherberge.de).

Urlaub auf dem Bauernhof: Das bedeutet schon mal frische Kuhmilch – mit vor allem für Städter gewöhnungsbedürftigen Geschmack! Heutzutage sind dessen ungeachtet die meisten Fremdenzimmer auf einem Bauernhof auf einen modernen Stand gebracht. Trotz vieler Tiere, manchmal Stallgeruch und dem Leben inmitten schöner Natur muss man meist nicht mehr auf TV, Internet und Bad verzichten. Eine Übersicht aller (gemeldeten) Anbieter von Urlaub auf dem Bauernhof, integriert in eine inter-aktive Karte, findet sich auf www.bauernhof-urlaub.com.

Urlaub mit Kindern: Die Bayern Tourismus Marketing Gesellschaft hat sich den Begriff Kinderland schützen lassen. Wo immer der Gast den Kinderland-Schriftzug mit dem Bären sieht, also bei rund 350 Gastgebern, weiß er, dass der Anbieter auf mindestens 50 Qualitätskriterien hin von unabhängigen Prüfern getestet wurde, um Kinder als Gäste zufriedenzustellen. Das gilt für einen Bauernhof, die Ferienwohnung, Hotels oder Campingplätze ebenso wie für Freizeitparks, Museen oder Spaßbäder. Auf der Internetseite www.kinderland.by kann man unverbindlich die aktuellen Kinderland-Prospekte bestellen oder als PDF-Datei herunterladen.

Urlaub für Menschen mit Handicap: Mittlerweile sind viele öffentliche, aber auch private Einrichtungen auf die Belange von Gästen mit Handicap eingestellt. Genauere Informationen gibt die Bundesarbeitsgemeinschaft Selbsthilfe von Menschen mit Behinderung und chronischer Erkrankung und ihren Angehörigen (Kirchfeldstraße 149, 40215 Düsseldorf, Tel. 02 11/ 31 00 60, www.bag-selbsthilfe.de).

Hunderte Gipfel sind von der Zugspitze aus zu sehen – auf dem höchsten aber steht man hier selbst.

Register

Fette Ziffern verweisen auf Abbildungen

Impressum

2. Auflage 2017

Verlag: DuMont Reiseverlag, Postfach 3151, 73751 Ostfildern, Tel. 07 11/45 02-0, Fax 0711/4502-135, www.dumontreise.de
Geschäftsführer: Dr. Thomas Brinkmann, Dr. Stephanie Mair-Huydts
Programmleitung: Birgit Borowski
Redaktion: Robert Fischer (www.vrb-muenchen.de)
Text: Jochen Müssig, München
Exklusiv-Fotografie: Reinhard Eisele, Walchensee
Titelbild: Clemens Zahn/laif (Kapelle bei Aidling)
Zusätzliches Bildmaterial: S. 4 o. u. S. 35 stockfoof-FoodPhotogr. Eising, 8/9 Wilfried Feder/Look-foto, 18/19 Dietmar Denger/laif, 20 l. Konrad Wothe / LOOK-foto, 20 r. mauritius images/Josef Beck, 21 o.l. Das Tegernsee, 21 o.r. Schlossgut Oberambach, 21 u.r. Das Tegernsee, 30 o. H. & D. Zielske/LOOK-foto, 48 l. huber-images.de/Schmid Reinhard, 48 r. Coaching in Bavaria, 49 o.l. huber-images.de/Römmelt Bernd, 49 o.r. huber-images.de/Huber Hans-Peter, 49 u.r. Jochen Müssig, 52 o.l. Thomas Stankiewicz/LOOK-foto, 52 (Tipp) Florian Werner / LOOK-foto, 59 o.l. dpa/Karl-Josef Hildenbrand, 65 l. Thomas Linkel/laif, 68/69 Jan Greune/LOOK-foto, 75 u. Schloss Elmau, 88 DuMont Bildarchiv/Katja Kreder, 89 u. Katja Kreder, 89 o. DuMont Bildarchiv/Markus Heimbach, 91 u. Katja Kreder, 94 l. Seehotel Grauer Bär, 95 o.l. Arabella Alpenhotel, 95 o.r. Klosterbrauerei Reutberg, 95 u. Seehof Herrsching, 97 l. mauritius images/Martin Siepmann, 97 u.r. Florian Werner/LOOK-foto, 99 o. mauritius images-Uwe Umstätter, 102/103 Eva Kaschewski/ LOOK-foto, 103 Standl/laif, 108 M.r. Jan Greune/LOOK-foto, 113 u. (Tipp) Gourmet-restaurant Aubergine, 117 huber-images.de/Schmid Reinhard, 118 l.o./u. Schloss Elmau, 118 r. Das Tegernsee
Hinweis: Das Bild auf S. 62 zeigt ein Selbstbildnis von Gabriele Münter (© VG Bild-Kunst, Bonn 2016).
Vektorgrafiken: Dover Publications (S. 48, 94 o. l.), istock (S. 20), iStockphoto (S. 49), shutterstock (S. 5 + 115, 67)
Grafische Konzeption, Art Direktion: fpm factor product münchen
Layout: Cyclus · Visuelle Kommunikation, Stuttgart
Cover Gestaltung: Neue Gestaltung, Berlin
Kartografie: © MAIRDUMONT GmbH & Co. KG, Ostfildern
DuMont Bildarchiv: Marco-Polo-Straße 1, 73760 Ostfildern, Tel. 0711/4502-266, Fax 0711/4502-1006, bildarchiv@mairdumont.com

 Erscheinungsweise: monatlich.

Anzeigenvermarktung: MAIRDUMONT MEDIA, Tel. 0711 450 20, Fax 0711 45 02 10 12, media@mairdumont.com, http://media.mairdumont.com
Vertrieb Zeitschriftenhandel: PARTNER Medienservices GmbH, Postfach 810420, 70521 Stuttgart, Tel. 0711 72 52-212, Fax 0711 72 52-320
Vertrieb Abonnement: Leserservice DuMont Bildatlas, Zenit Pressevertrieb GmbH, Postfach 810640, 70523 Stuttgart, Tel. 0711/7252-265, Fax 0711/7252-333, dumontreise@zenit-presse.de
Vertrieb Buchhandel und Einzelhefte: MAIRDUMONT GmbH & Co. KG, Marco-Polo-Straße 1, 73760 Ostfildern, Tel. 0711 45 02 0, Fax 0711 45 02 340
Reproduktionen: PPP Pre Print Partner GmbH & Co. KG, Köln
Druck und buchbinderische Verarbeitung: NEEF + STUMME premium printing GmbH & Co. KG, Wittingen, Printed in Germany

FSC
www.fsc.org
MIX
Papier aus verantwortungsvollen Quellen
FSC® C001857

Sri Lanka

Ein Tropenparadies
Lassen Sie sich mit hervorragenden Bildern einstimmen auf ein ganz besonderes Land.

Das Wissen vom Leben
Alles was Sie über Ayurveda wissen sollten.

Der Weg zum Frieden
Hintergründe und Fakten zum Bürgerkrieg, der das Land bis 2009 in Atem hielt.

Rhön

Barock und bischöflich
Das ist nur die eine Seite von Fulda. In den Gassen der Stadt pulsiert das Leben.

Natur erleben
Das geht nirgends besser als bei einer Tour mit dem Ranger im Biosphärenreservat.

Wonnen des Wassers
Kuren und Badespaß haben Tradition.

www.dumontreise.de

Lieferbare Ausgaben

DEUTSCHLAND
119 Allgäu
092 Altmühltal
105 Bayerischer Wald
180 Berlin
162 Bodensee
175 Chiemgau, Berchtesg. Land
013 Dresden, Sächs. Schweiz
152 Eifel, Aachen
157 Elbe und Weser, Bremen
168 Franken
020 Frankfurt, Rhein-Main
112 Freiburg, Basel, Colmar
028 Hamburg
026 Hannover zw. Harz u. Heide
042 Harz
023 Leipzig, Halle, Magdeburg
131 Lüneburger Heide, Wendland
038 Mecklenburg-Vorpommern
033 Mosel
047 Münsterland
015 Nordseeküste Schleswig-Holstein
006 Oberbayern
161 Odenwald, Heidelberg
035 Osnabrücker Land, Emsland
002 Ostfriesland, Oldenb. Land
164 Ostseeküste Mecklenburg-Vorpommern
154 Ostseeküste Schleswig-Holstein
136 Pfalz
040 Rhein zw. Köln und Mainz
185 Rhön
186 Rügen, Usedom, Hiddensee
137 Ruhrgebiet
149 Saarland
182 Sachsen
081 Sachsen-Anhalt
117 Sauerland, Siegerland
159 Schwarzwald Norden
045 Schwarzwald Süden
018 Spreewald, Lausitz
008 Stuttgart, Schwäbische Alb
141 Sylt, Amrum, Föhr
142 Teutoburger Wald
170 Thüringen
037 Weserbergland
173 Wiesbaden, Rheingau

BENELUX
156 Amsterdam
011 Flandern, Brüssel
179 Niederlande

FRANKREICH
177 Bretagne
021 Côte d'Azur
032 Elsass
009 Frankreich Süden Languedoc-Roussillon
019 Korsika
071 Normandie
001 Paris
115 Provence

GROSSBRITANNIEN/IRLAND
130 London
030 Südengland

ITALIEN/MALTA/KROATIEN
181 Apulien, Kalabrien
017 Gardasee, Trentino
110 Golf von Neapel, Kampanien
163 Istrien, Kvarner Bucht
128 Italien, Norden
005 Kroatische Adriaküste
167 Malta
155 Oberitalienische Seen
158 Piemont, Turin
014 Rom
165 Sardinien
003 Sizilien
140 Südtirol
039 Toskana
091 Venedig, Venetien

GRIECHENLAND/ ZYPERN/TÜRKEI
034 Istanbul
016 Kreta
176 Türkische Südküste, Antalya
148 Zypern

MITTEL- UND OSTEUROPA
104 Baltikum
094 Danzig, Ostsee, Masuren
169 Krakau, Breslau, Polen Süden
044 Prag

ÖSTERREICH/SCHWEIZ
004 Salzburger Land
139 Schweiz
144 Tirol
147 Wien

SPANIEN/PORTUGAL
043 Algarve
093 Andalusien
150 Barcelona
025 Gran Canaria, Fuerteventura, Lanzarote
172 Kanarische Inseln
124 Madeira
174 Mallorca
007 Spanien Norden, Jakobsweg
118 Teneriffa, La Palma, La Gomera , El Hierro

SKANDINAVIEN/NORDEUROPA
166 Dänemark
153 Hurtigruten
029 Island
099 Norwegen Norden
178 Norwegen Süden
151 Schweden Süden, Stockholm

LÄNDERÜBERGREIFENDE BÄNDE
123 Donau – Von der Quelle bis zur Mündung
112 Freiburg, Basel, Colmar

AUSSEREUROPÄISCHE ZIELE
183 Australien Osten, Sydney
109 Australien Süden, Westen
024 Dubai, Abu Dhabi, VAE
160 Florida
036 Indien
027 Israel
111 Kalifornien
031 Kanada Osten
171 Kuba
022 Namibia
041 New York
184 Sri Lanka
048 Südafrika
012 Thailand
046 Vietnam